河出文庫

すごい片づけ
9つの極意

はづき虹映

河出書房新社

はじめに

多くの日本人が、片づけることに強い関心を持っています。

書店を見ても、「片づけ本」はひとつのコーナーになっているところも多く、ＴＶドラマ化されたミリオンセラーになった本や、「断捨離」のように「片づけ本」のタイトルが、すでにひとつの固有名詞のように社会に定着しているものも見受けられます。

人はなぜ、ここまで片づけに惹かれるのでしょうか？

そもそも、あなたはなぜ、何のために片づけようとしているのでしょう？

「片づけ」を英語に訳そうとすると、適当な言葉が見つかりません。

英語の場合、「掃除する」は「cleaning」で、「収納する」は「put away」。「整理する」は、「put in order」など、すべて動詞として動作ごとに区別されています。

つまり、日本語の「片づけ」に相当する英語はないのです。外国では、そもそも日本語の「片づけ」に相当する発想がないのではないでしょうか？　実はここに日本人の「片づけ」好きの理由も隠されているのではないかと、私は考えます。

「片づけ」とは掃除をしたり、整理・収納するためのノウハウなどではありません。それは「片づけ」のための手段であって、目的ではないのです。少なくとも、私たち日本人にとっては……。

私たち日本人にとっての「片づけ」とは、文字通り「カタをつける」こと。

つまり、自分の気持ち、思い、感情に決着をつけることこそ、「片づけ」の本質そのものです。ですから、どんなに家の中を完璧に片づけたとしても、あなたが「片づいた」と思わない限り、「片づけ」が終わることはありません。

「そうは言っても……」と思われた方は、まだカタがついていない証拠。本書はそんな「カタがつけられない」あなたのための、全く新しい「すごい片づけ本」です。

さぁ、あなたも本書を活用して、長年、悩まされて来た「片づけ」に、そろそろはっきりカタをつけようではありませんか！

『すごい片づけ』体験者から、反響続々!!

あれもこれも欲しい！がなくなりました。**大切なものを見極める力、またそれを引きよせる力が少しずつですが、ついてきている気がします。**

（京都府　Tさん　29歳　女性）

玄関を片づけ、すべての床を水拭きした翌日、「外へ出て行く」仕事の依頼の電話があり、びっくり。普段、自宅でひとりPCに向かう仕事が多いので、**世界が開けた感じがしました。**

（東京都　H.Yさん　42歳　女性）

飛行機の中で一気に読んで、最後のページで泣きました!!
つい自分にダメ出ししたり、もっと頑張らなきゃと思ってしまいがちでしたが、とても**心が軽くなりました。**

（熊本県　Hさん　29歳　女性）

眠りの質が上がりました。8月の夏真っ盛り、夜間一度も起きずにぐっすり眠れるようになりました。それまでは、1、2回は起きていたのです。**今は、朝はすっきり目が覚めます。**

（群馬県　S.Tさん　46歳　女性）

タンスの引き出しにいっぱいの洋服など、**何十年も前の物が、ためらいなく処分できました。**今まで何度となく「もったいない」の言葉に負けて処分できなかった物が、「ありがとう」の言葉とともにすんなり処分でき、気持ちよくなりました。

（埼玉県　Hさん　47歳　女性）

家族の片づけられない心理を理解し許せたおかげか、なぜか**家族が以前と比べ、きちんとするようになって驚きました。**

（静岡県　Hさん　34歳　女性）

願ったことや**希望することが、すごいスピードで叶ってくれるように**なり、驚いています。

（福岡県　Yさん　57歳　女性）

「会いたいな」「どうしているかな」と思っていた人と会えることになりました。

（愛知県　I.Mさん　51歳　女性）

クリアな気持ちで周りを見られることが多くなり、**目の前の仕事に集中して取り組めるように**なりました。

（佐賀県　O.Eさん　27歳　女性）

なかでも、**神社と同じ祓い、清めが家全体にも言える**ということに、自分の中でオォーと唸ってしまいました。

（東京都　Mさん　48歳　男性）

片づけのみならず、苦手なことに対してはいかにモチベーションが持てるかがキーだと思うのですが、**ハウツー本では得られない「動機」がこの本では得られる**と思います。

（東京都　H.Nさん　33歳　女性）

「すごい片づけ」目次

第1章

あなたが片づけられない本当の理由

第2章

片づけは技術ではなく、メンタルだ!

第3章

「数字」で考えると、片づけもうまくいく

第4章 片づければ片づけるほど、豊かになれる!?

第5章

終わりなき「すごい片づけ」

本文デザイン　轡田昭彦＋坪井朋子
本文イラスト　石坂しづか

第1章

あなたが片づけられない本当の理由

あなたが片づけられない、たったひとつの理由とは……？

「部屋が狭い……」

「収納場所が少な過ぎる……」

「モノが多過ぎる（捨てられない）……」

「子どもや夫（妻）が散らかす……」

「つい衝動《しょうどう》買いをしてしまう……」

「日々、忙しくて、（片づける）時間がない……」

「掃除が嫌い、整理整頓が苦手……」など。


片づけられない人が、「片づけられない理由」として挙げるのは、以上のようなことではないでしょうか？

確かにどれも、もっともな理由です。

日本の住宅事情の「狭さ」は世界的にも有名で、日本と比べて約25倍の面積を持つアメリカの人口は、日本の約2・5倍。つまり、日本とアメリカを比較すれば、人口密度は約10倍。アメリカ人が1人で居る同じスペースに、日本人は10人もの人がひしめき合って暮らしている計算になります。

しかし、日本の経済力はアメリカ、中国に次いで世界第3位。国土はアメリカの1／25なのに、アメリカの1／2〜1／3ぐらいのモノを生み出し、それを狭い国土の中で保有していることになるワケで、世界的に見ても、日本人の家の中がモノで溢《あふ》れかえっていることは、データも証明しています。

さらに日本人は労働時間の長さでも世界のトップクラス。都市部の通勤時間は長く、さらに長期休暇なども少なく、時間的なゆとりがないことも、日本人が片づけられない理由のひとつとなっているのは、間違いないでしょう。

だから、「片づけられないのは仕方ない……」と自分を正当化したくなる気持ちは、よくわかりますが、実は片づけられない原因は、こうした物理的な理由だけではありません。

あなたが本当に片づけられない理由は、他にあります。

それは何か？　その答えを探っていくことが本書のネライ・目的です。


この本は、「片づけ方を教えてあげるから、がんばって片づけましょう！」とか、「こうすれば、あなたも片づけ上手になれる！」というノウハウ本ではありません。

もちろん、片づけ方のノウハウもご紹介しますが、それが目的ではありません。

さらに、片づけるための精神論を説くことが目的でもありませんし、「片づけられないお前は価値がない！」と叱咤《しった》激励するためのものでもありません。

この本のネライ・目的は、「なぜ、片づけられないのか？」という真の理由を自分で見つけること。「そうか！　だから、片づけられなかったんだ！」と自分で気づくこと。片づけられない自分を責めたり、裁いたりせず、あるがままに認めることです。


その片づけられない本当の理由が、ストン！　と腑《ふ》に落ちれば、結果的に片づけられる……、無理せず自然に身の回りが片づくハズです。ひょっとすると、物理的には以前と全く変わりがない状態のままかもしれません。しかし、見た目は全く片づいていなかったとしても、もう「片づけなくては……」と自分を責めたり裁いたり、片づけられない自分にダメ出しすることは、きっとなくなることでしょう。

あなたをそういう状態に近づけることが、本書のネライであり、目的です。

どうでしょう？　少しはやる気が、希望と元気が出て来ませんか？（笑）

……で、あなたが本当に片づけられない理由に戻りましょう。

あなたが片づけられない、たったひとつの理由とは……？

ズバリ！　片づけたくないからです。


今、あなたは心の中で「片づけたくないですって……？」と、激しいツッコミを入れませんでしたか？（笑）　そう、それはとても健全な反応です。しかし、これこそがあなたが片づけられない、たったひとつの「本当の理由」なのです。

なぜ、そんなことが言い切れるのか？

その理由をこれから一緒に、本書で探っていきましょう。

今まで片づけられなかったのは、あなたのセイではなかった!?

「片づけたくない……」

これこそが、あなたが片づけられない、たったひとつの理由。そして一番深いところにある本当の理由です。

このことが腑に落ちると、今まで片づけられない理由になっていたものはすべて、「片づけたくない」という本当の理由をカモフラージュするためのニセモノの理由だったことになります。

たとえば、あなたが、「洋服の量に対して、クローゼットが狭すぎる」という理由で、片づかないと思っていたとしても、「片づけたくない」ということが片づけられない本当の理由だったとすれば、今までの片づけられない理由は、すべて「片づけたくない」という思いを正当化するために、自らが引き寄せたもの。つまり、無意識の内に、わざわざ、収納力が少ないクローゼットを自ら選んでいるという可能性だってあるのです。

もちろん、この考え方に対してあなたは強く否定するかもしれません。

「ワザワザ、お金を出して本を買ってまで、片づけたい……と強く思っているのに、『片づけられない理由が片づけたくないから……』だと！　こんなインチキな本（著者）は今すぐ、片づけてやる！」と鼻息が荒くなるかもしれませんね（笑）。

しかし、残念ながら、あなたがこの本を片づけることはできません。

そんなことができるくらいなら、あなたは常に片づけられない「片づけブルー」の悪夢から、とっくの昔に抜け出せているハズ。私はその心理メカニズムがわかっているので、ここまで強く言い切ることができるのです。

アタマでは「片づけたい……」と思っているハズなのに、もっと深いところでは「片づけたくない……」と、正反対の思いが宿ってしまうのは、なぜなのでしょう？

それは人間心理のメカニズムによるところが大きいと言えます。

人間の心理は大別すると、自ら意識することができ、ある程度、自分の意志でコントロールできる「顕在意識《けんざいいしき》」と、意識的にコントロールすることができない、無意識の領域で働く「潜在意識」とに分けられます。

あなたが今、この本を読んでいるのは、自分でこの本を読もうと「顕在意識」で意識して決めたから。同様に、あなたが明確に「片づけたい」と意識しているとすれば、それは「顕在意識」の領域に他なりません。

しかし、ご存じの通り、人の意識の全体像を見れば、「顕在意識」は全体のごく一部。氷山の一角に過ぎません。意識全体では、自分では意識していない部分の「潜在意識」の領域の方が圧倒的に大きくて、私たちの考え方や行動、生き方、人生により大きな影響力を持っていると言われているのは、きっとあなたもご存じでしょう。

つまり、あなたが「顕在意識」レベルで、どんなに強く「片づけたい」と思ったとしても、それを凌《しの》ぐレベルで「潜在意識」が「片づけたくない」と思っていたとすれば、あなたが現実的にどんなにがんばってみても、いくら一生懸命やっても、あなたの身の回りが片づくことはありません。

だって、「顕在意識」と「潜在意識」とを比べてみれば、圧倒的に「潜在意識」の方が大きく強く、あなたの人生に対する主導権をガッチリ握《にぎ》っているのですから、はっきり言って「顕在意識」に勝ち目はないのです。

言い方を変えれば、あなたがこれまでさまざまな片づけ術を試したり、整理整頓のスキルやノウハウを駆使《くし》した結果として、「まだ片づかない……、ちゃんと片づけられない……」状態だとすれば、それはあなたの片づけ方に問題があったワケではありません。自分の気持ち、意識の方、つまり、心の「在り方」に、真の原因があったのです。

それも自分が意識している顕在意識の「在り方」ではなく、無意識レベルの潜在意識の「在り方」が問題なのです。ですから、あなたが顕在意識で片づけようと思って、いくらいろんな「やり方」をがんばって試してみたところで、潜在意識が頑固に抵抗している限り、片づかないのも、ある意味、当然。

この心理メカニズムに気づかない限り、あなたが今後、どんな片づけ術にトライしてみたところで、本当の意味でうまくいくことはないと断言できます。

「片づけ」とは、自分の思いに決着をつけること

そもそも、片づけとは、「カタをつける」ということ。

「借金のカタにこの娘をもらっていくぜ！」

「オイ！　表に出ろ！　カタをつけてやる！」

「今日こそは、白黒はっきり、カタをつけさせてもらうぜ！」

……の「カタ」です。


この「カタ」はもともと「形」「型」から来ている言葉で、辞書を調べると「証拠に残すしるし。保証のしるし。抵当。担保」と書かれています。

つまり「カタをつける」とは、「証拠を形に表し、決着させる」という意味だと読み取れます。

そう……、まさにここに「片づけ」の真意が隠されています。


片づけとは、「決着させること。それを形に表すこと」です。

では何を決着させ、それをどんな形で表せばいいのでしょうか?

この片づけの真意が理解できれば、片づけが終わらないという「片づけブルー」に悩まされることもなくなるハズ。もう、「片づけ難民」からは卒業です。


もう一度、「片づけ」という言葉の意味を見てみましょう。

「片づけ」とは、「証拠を形に表し、決着させる」こと。ここには「捨てなさい」とか、「掃除をしなさい」とか、「常に整理整頓を心がけ、きれいな状態を保ちなさい」などという概念は一切、入っていません。

「片づけ」とは、何かを決着させ、それを形に表すことです。

あなたが今のままの状態のお部屋で、「決着している」と思えれば、それでもう「片づけ」は終了。もう「決着している」、「カタはついている」のです。


いいですか……?

問題の核心は「片づいていないお部屋」にあるのではなく、現状のお部屋の状態をあなたがどう見ているのか？　今のお部屋の状態を否定して、「もっと片づけなければ……」という罪悪感や義務感を抱えている、あなたの心の問題なのです。

そのあなたの思いが決着しない限り、あなたの思いに「カタをつけない」限り、どれだけモノを捨てても、どんなにがんばって部屋をきれいにしても、片づけは永遠に終わりません。

言い方を変えれば、あなたが自分の現在のお部屋の状態をあるがままに認めて、「うん！　これでよし！」と思えたら……、「もう片づけは終わり！」と自分の気持ちに決着をつけられれば、その時点で片づけは完了なのです。

現実のお部屋が、家の中が、クローゼットの中が、机の上が、どんな状態であったとしても、それは関係ありません。全く関係がないと言えば語弊《ごへい》がありますが、お部屋の状態の方が「主」なのではありません。

「片づけ」と聞くと、どうしても「モノを片づける」という行為や状態、ノウハウやスキルの方に目が行きがちですが、そうではありません。

「片づけ」の本当の意味を考えると、あくまで自分の気持ち、思いの方に原因があり、そちらが「主」。現実的な環境はあなたの思いを形に表した結果であり、「従」に位置するものに過ぎません。

このことが腑に落ちない限り、どんなにいいと言われる片づけ術を試してみても、どんなに素晴らしい収納家具を購入して、どんなに広い家に引越そうとも、あなたの「片づけ」が終わることはありません。

あなたのお部屋をあなた以外の誰かが物理的に片づけることはできますが、それでは残念ながら、あなたの「片づけ」は終わりません。だって、それではあなたの内側は何も変わらず、決着しないまま。あなたの思いにカタがついていないのですから、あなたの「片づけ」が終わるハズはないのです。

これはとても大事なことなので、もう一度、言いますね。

「片づけ」とは、「自分の思いに決着をつけること」。あなたの思いにカタをつけない限り、お部屋をどんなに片づけたとしても、「片づけ」が終わることはありません。

では一体どうすれば、自分の思いにカタをつけられるのか……、思いを「片づけ」られるようになるのでしょうか？

なぜ、片づけても、リバウンドしてしまうのか？

片づけとダイエットは共通点があると言われています。周りから、「十分、片づいている（痩《や》せている）じゃない……」と言われても、本人が「片づいた（痩せた）」と思えない限り、どこまで行ってもキリがありません。まさにその「片づけたい……」「痩せたい……」という「思い」に決着（＝カタ）をつけない限り、片づけも、ダイエットも終わることがないという点では全く同じなのです。


「片づけても片づけても、一向に部屋がきれいにならない……」

「きれいに片づけたつもりなのに、その状態が保てない……」

「片づけても、すぐにリバウンドして、元の状態に戻ってしまう……」

こんな風にお悩みの方も多いかもしれません。この点でも、片づけとダイエットの悩みは共通していると言えるでしょう。

そう、この永遠のテーマに立ち向かうためには、「カタチ」だけではダメなのです。イエ、そうした形だけに過度に期待して、過剰に頼ってしまうから、カタがつかない。片づけたつもりでも、すぐにリバウンドして、元通りになってしまうのです。

少し耳の痛い話に聞こえるかもしれませんが、片づけでリバウンドしてしまうのは、自分の思いにカタがついていなかったという動かぬ証拠なのです。

ですから、片づけに真面目にトライして、リバウンドしてしまった経験のある方にこそ、この本はきっとお役に立つハズです。

そもそも「片づけブルー」に陥《おちい》るのは、真面目な証拠。一生懸命、「片づけなければ……」と思って、片づけに取り組むから苦しくなるのです。

まずは、その「片づけなければならない……」という思いを手放すこと。それが「片づけブルー」を卒業するための最初の一歩。それは小さな一歩ですが、大きな意味がある大事な一歩です。

「すごい」とは、「素」が「濃く」なること

　ここまでで、本当の片づけとは、単に身の回りをきれいに整える、モノを処分する、スッキリ収納するという物理的な問題だけではないということが、ある程度、ご理解いただけたかと思います。

　そもそも、本書は単なる片づけ本ではありません。

タイトル通り、「すごい片づけ」について書かれた、世界初、世界唯一の本です。

なので、ここで「片づけ」とは別のもうひとつの大事なワードである、「すごい」ということについても、少し触れておきましょう。

「すごい」を辞書で調べてみると、「ぞっとするほど恐ろしい。非常に気味が悪い」

「びっくりするほど程度がはなはだしい。大層なこと」「程度のはなはだしいさま」などの意味が書かれています。

確かに一般的に認識されている「すごい」の意味は、そんなところでしょうが、残念ながらこれでは「すごい」の本当のすごさはわかりません（笑）。

「すごい」とは、「素・濃い」ということ。

「素」とは、「元素」とか、「素直」とか、「素朴《そぼく》」などと使われている通り、「元の状態」「本来あるべき姿」「ありのままの状態」などを指す言葉です。

それが「濃い」。「より濃縮され、色濃く表れている」ということです。

つまり、「すごい」とは、「本来あるべき、そのままの状態が、よりはっきり、密度が濃く表れている状態」を指す言葉。「素」が「濃く」なるということは、心の奥に溜まっていた本音、本心の部分に光が当たり、より明確になるということ。だからこそ、想像以上の「すごい」現象が起こることになるのです。

それが「すごい」の語源、本来の意味と私は考えます。

「すごい片づけ」とは、「心の奥深いところにある、より素に近い状態の思いにアクセスし、その思いに自ら気づき、認め、キチンと決着をつける」ということ。

これこそ、本書が目指す「すごい片づけ」そのものです。

ですから、掃除や整理収納のテクニックを身につけ、どんなに収納上手、片づけ上手になったとしても、それだけでは「すごい片づけ」とは呼べません。

それはひょっとすると、本当に片づけられたのではなく、隠すのが上手になったとか、表面をとり繕《つくろ》うのがうまくなっただけかもしれません。

だとすれば、それはむしろ「すごい片づけ」からは遠ざかっている。「素・濃く」なるのではなく、「素が見にくく、薄められた状態」になっているだけかも……。

素の状態が薄まってしまい、心の奥底が見えにくくなっているとすれば、問題の原因にたどり着くのは難しく、当然、自分の気持ちに「カタをつける」ことも困難になると言わざるをえません。

従って、「素・濃く」ない片づけをどれだけがんばってやってみたところで、いつまで経っても、本質的には「片づかない」状態が続いてしまうことになるのも避けられないでしょう。

あなたのお家の、お部屋やクローゼットの中、机の上の状態は、あなたの心の奥底の状態が、「素・濃く」なって、現実に現れたもの。あなたの心の深い部分がキチンと片づいていれば、身の回りが片づかないハズはないのです。逆に言えば、身の回りを片づけることは、同時に心の内側を片づけることに直結します。

だからこそ、テクニックだけで片づけるのではなく、片づけの本当の意味を知り、物理的な片づけと同時に、内面的な片づけを意識することが大切です。物理的な片づけと内面的な片づけは車の両輪。どちらかだけでは、人生という車は前に進みません。

現代社会で、身も心も最も片づいている人の代表が、出家した修行僧でしょう。彼らは出家する際、この世の煩悩《ぼんのう》は一切捨てて、何も持たず、身ひとつで仏門に入ると言われます。その場合、個人的な持ち物は何もないのですから、物理的にも、精神的にも片づいていないハズはありません。

「素」が「濃く」なる「すごい片づけ」とは、この世で出家することなく、在家の状態でありながら、物理的にも精神的にもカタをつけて、あたかも出家したかのように何ものにもとらわれず、明るく軽くシンプルに生きる生き方そのものです。

片づけられないモノの裏側に、あなたの才能が隠れている!?

さて、本書を通じて、私がお伝えしようとしている「すごい片づけ」という概念が、だんだんと明らかになって来たのではないかと思われます。

この本は、お片づけのノウハウやスキルをお伝えするものではありませんが、この本に書かれている「すごい片づけ」という考え方が腑に落ちれば、誰でも無理なく、お家の中が片づけられるようになります。そう、無理してがんばって、気合いを入れて片づけなくても、自然に、勝手に片づくことになるのです。

「そんな夢のような甘い話をして……」と、あなたは思うかもしれませんが、これは決して夢物語ではありません。

そもそも、あなたが片づけたいモノは何でしょう?

洋服ですか？　バッグやアクセサリー類ですか？　化粧品？　健康器具？　ゲームやスポーツ、音楽など、趣味のアイテム？　食器やキッチン用品ですか？　それとも本や雑誌でしょうか？

特定のモノではなく、玄関やリビング、寝室、水回りなどの特定の「場所」を片づけたいと強く思っている方もいらっしゃるかもしれませんね。

ただ、あなたの片づけたい対象が、モノであっても、場所であっても、実はその片づけたい対象の裏側には、あなたの才能が隠れているのです！

今、不意をつかれて、「エッ？　ウソ？」と、ビックリしたあなた。極めて正常な反応です（笑）。たぶん、今までの片づけ本の中で、「片づけられないモノ（場所）の裏側に、あなたの才能が隠れている！」と主張しているものはなかったハズ。

しかし、これこそ、本書のテーマである「すごい片づけ」の真骨頂。

この真実に気づければ、今まで邪魔者でしかなかった「片づけられなかったモノ（場所）」こそ、あなたの才能の宝庫であり、宝の山だったことが明らかになるハズ。

あなたが片づけたいと思っているモノ（場所）、それはあなたがそのモノ（場所）にそれだけたくさんのエネルギーを注いで来た結果です。

片づけたいと思っているのに、片づけられないのは、物理的にそのモノがたくさんあるから。その場所にたくさんのモノが詰まっているからではありませんか？

つまり、片づけられないほどのたくさんのモノを集めてしまうのは、それだけそのモノが好きで、そのモノに注目し、エネルギーを注いでいるからに他なりません。

「片づけられない」→「片づけられないほど、たくさんのモノがある」→「それだけそのモノにエネルギーを注いでいる」→「そのモノに対する関心が高く、注目している」→「そのモノが好きで、そこに才能が隠れている」という図式です。

これは冷静に考えてみると、当然なのです。

誰も嫌いなモノ、興味のないモノを集めようとは思いません。その場所がモノで溢れてしまうのは、そのモノや場所が好きだからこそ。そこに関心があるからこそ、その場所に集めてしまう……。

片づけられないほど、モノをたくさん集めてしまうのは、「好き」というエネルギーの裏返し。「好きこそ、ものの上手なれ」ということわざがある通り、その「好き」

というエネルギーの裏側には、あなたの特徴、長所、才能が眠っていると思って間違いありません。だからこそ、まず何が片づけられないのかをよく見ること。

あなたが片づけたいと一番、強く思っているモノは何でしょう？
あなたが最も片づけたい場所は、どこですか？
そこにあなたの本当の才能が隠れています。

たとえば、洋服を片づけたいと強く思っている方は、着飾ることが好きで、ファッションに強い関心があり、ファッションセンスに優れている証拠。中でもどんなアイテムが一番多いのかを見極めれば、「そこ」に才能が隠れている可能性が大です。
あるいは食器が多くて、キッチンが片づかないと嘆《なげ》いている方の場合は、料理の才能があり、さらにテーブルコーディネイトのセンスがあるのかもしれませんし、食器そのものを作る陶芸の才能が、「そこ」に隠されているのかもしれません。

ちなみに私の場合、一番片づけたいモノは、なんと言っても「本」でした。
幼い頃から本が好きで、一日一冊のペースで読んでいた時期もあったぐらいなので、捨てても捨てても、追いつきません。本が好きで、好きで。本に注いだ時間とお金は何より大きく、活字中毒のような状態だったかもしれません。残す本はできるだけ絞り込むようにしていたつもりですが、それでもすぐに読んだ本や読みかけの本が山のように積み上げられ、雪崩《なだれ》を起こすこともしばしば（苦笑）。一時はリビングや寝室が本だらけになってしまって、足の踏み場もない状態になったこともありました。

しかし、ある時を境に、私は本を片づけることからは解放されました。

その「ある時」とは、自分で本を書き始めた時です。それは私にとって、片づけられないと思っていた本の裏側に隠されていた、自分の才能を見つけた瞬間でした。

その瞬間、私と本との関係性が劇的に変化したのです。それまで私にとって本は、コレクションのひとつであり、自分の趣味の範囲のモノであり、片づけられないお荷物に過ぎませんでした。私は本が好きだからこそ、本に執着していたのです。だから、本に対する「思い」にカタをつけることができませんでした。

しかし、本を書くことが仕事になってからは、もうコレクションとして本を置いておく必要性がなくなりました。自分が本を書くのに本当に必要な資料としての本しか、残す必要がなくなったのです。コレクションとして「集める」対象だった本が、仕事に必要な「道具」に劇的に変化したのです。それが、それまでの私の本に対する「思い」に決着がついた時。まさに片づいた瞬間です。

私の場合はある意味、非常にわかりやすい特殊な事例かもしれませんが、多かれ少なかれ、誰の場合でも、「片づけられないモノ」と「隠れた才能」との間には、このような関係性が横たわっているのです。

ですから、片づけられない自分を責めないことが大切です。

自分を責めるのではなく、片づけられないモノの裏側に眠っている自分の才能とは何なのかに注目してみましょう。

この視点を持つだけで、今まで日陰の存在であった、片づけられなかったモノや場所たちに光が当てられ、新たな輝きを放ち始めることになるのです。

散らかしてしまうのは、隠しておきたい何かがある証拠

「片づけられないモノの裏側に、まだ見ぬ才能が隠れている」のは、間違いありません。しかし、片づけられないモノや場所がすべて才能に変わるワケでもありません。

モノが片づかない理由は、大別すると、ふたつ……。

ひとつは、「単純にモノが多すぎること」。

もうひとつは、「片づくと困る何かがあるということ」です。

「モノが多すぎて、片づかない」状態は、そのモノに過剰にエネルギーを注いでいる証拠。つまり、その裏側にはあなたの才能が隠れている可能性が高いと言えます。

一方、「片づくと困る」という理由で片づかないのは、「隠す」ことが目的なのです。

つまり、散らかっている方が都合がいい、メリットがあるということです。

こんなことを言うと、普通は「そんなことはない！　片づけられるものなら、ちゃんと片づけたいと思っている！」と反論される方がほとんどですが、これは顕在意識のレベルではなく、もっと深いところにある潜在意識レベルの話。ですから、自分でもほとんど無意識にやってしまっていることなので、自力で気づくのは、なかなか難しいのが実状です。

たとえば、常に部屋を散らかしてしまうひとり暮らしの女性が居たとしましょう。その女性は顕在意識では、ステキな彼をゲットして、幸せな結婚生活を望んでいます。しかし、その潜在意識、深層心理では、「自分に自信がなく、自分は愛される価値がなく、こんな自分を選んでくれる彼など、この世には存在せず、幸せな結婚なんて夢物語に過ぎない」と思い込んでいた場合、彼女はどういう行動をとるのか？

そのひとつの答えが、「部屋を散らかしてしまう」という行為に表れるのです。

つまり、心理的に分析すると、「自分には愛される価値がない」→「彼と親密になると本当の自分の姿がばれる」→「彼を自分の部屋に呼ぶのが怖い」→「呼べない正当な理由として、部屋を散らかす」というメカニズムです。

逆から見れば、「部屋を散らかす」→「彼を部屋に呼べない」→「彼とは親密になれない」→「結婚に向いていない」→「自分には愛される価値がない」という図式。

この場合、「自分には愛される価値がない」という深層心理を正当化するための行為として、「部屋を散らかす」という物理的な現象が必要になるというワケです。

つまり、彼女の中では「部屋が散らかっていないと困る」のです。そうでないと、「自分が愛されないための正当な理由」がなくなってしまうのですから。この場合、「部屋を散らかす」という行為は、「自分には愛される価値がない」という深層心理を隠すためのカモフラージュの行為に当たっていると言えるでしょう。

貧乏な人の家ほど、モノで溢れて、ゴチャゴチャしているのも同じ心理。顕在意識では「お金持ちになりたい」と願いつつ、潜在意識では「こんな私ではお金持ちになる資格はない」と思い込んでいるため、お金がなくなることに対しての恐怖心が強くなり、それが必要以上にモノを溜め込み、捨てられないという行為につながるのです。

これらはちょっとややこしい心理状態ですが、私たちは往々《おうおう》にして、このような形で深層心理を隠すためのカモフラージュの行為を無意識にやってしまいがちです。

深層心理で隠しておきたい何かがある場合、部屋が片づくと困るのです。自分でも気づかないレベルで、「片づくと困る」という意識があるのですから、当然、部屋は片づきませんし、片づけることに対して抵抗が出るのも当たり前。

もし、あなたが「自分ではがんばっているつもりなのに、なかなか片づかない」「いくらやっても片づけられない」と感じているとしたら、それはこうした「片づくと困る」「散らかすことで得られるメリットがある」という深層心理が、心の奥底に横たわっているのではないかと疑ってみるのも、おすすめです。

この場合、「片づけられない」根源的な理由を見つけ出すのは、簡単ではありませんが、「私が散らかしてしまうのは、何を隠しておきたいからだろう?」「私が片づけられないのは、片づいては困る別の理由があるのかも……」という視点を持つだけでも大きな進歩です。

いずれにしても大事なことは、片づけられないのには、人それぞれに正当な理由があるということ。その真の理由に気づくことこそ、「すごい片づけ」の真の目的だということを、ぜひ覚えておいてください。

片づけられない自分を責めない、裁かない、ダメ出ししない

先述の通り、片づけられないのには、人それぞれに正当な理由があります。

それが他人から見て、いくらおかしな理由であったとしても、それは関係ありません。その人にとっては、それが一番、大事な理由、唯一無二の片づけられない立派な理由に他ならないからです。

ですから、片づけられない自分を責めたり、裁いたりしないこと。これが何より大事な姿勢です。この段階で、「片づけられない自分」＝「ダメな自分」「価値がない」というレッテルを貼ってしまうことが一番の問題なのです。

「片づけられない自分」＝「ダメな自分」「価値がない」というところから、お片づけを始めてしまうと、どこまで片づけても自分にＯＫが出せなくなります。

片づけは生きている限り、終わることはありません。片づけに「これでいい！」「これが完全、パーフェクト」という「終わり」や「絶対的な正解」はないのです。

一時的にスッキリ片づいたと思っても、生活していれば必ずまた片づける必要性が出て来ます。ゴミやホコリは毎日、溜まりますし、どんなにきれいに掃除をしても、時間が経てば、部屋は必ずまた汚れて来るのです。

秋の終わりに、落ち葉を掃《は》いて掃除するところをイメージしてみてください。落ち葉は掃いても掃いても、次から次へ、一枚また一枚とハラハラ落ち続けてきます。毎日毎日、掃除し続けても、落ち葉がなくなることはありません。この時、落ち葉をゼロにすることを目指してしまうと、苦しくなります。「落ち葉ゼロ」を掃除の目的、「終わり」や「絶対的な正解」に掲げてしまうことが、不幸を生み出す原因になるのです。落ち葉を完璧に片づけよう、100％なくしてしまおうとすることが、苦しくなる原因であり、自ら不幸な状況を作り出すことにつながっています。

このことに気づかない限り、あなたが物理的にどんなに完璧に片づけられたと思っても、あなたの中から苦しみや不幸が消えてなくなることはありません。

私たちは片づけのために生きているワケではありません。

片づけるのは、より快適に暮らしたいから。より快適に暮らすということは、より幸せに生きるということに他なりません。

片づけの最終目的は幸せに生きるということであり、片づけることが苦痛になって、それであなたの幸せ度が低下してしまっては意味がありません。それでは本末転倒。何のために片づけようとしているのか、わかりません。

あなたが幸せに生きること。これが片づけの目的であり、一番、大事なことです。その大前提を忘れてはいけません。あなたの幸せ度をアップさせるために、片づけるのです。あなたが今の状態で、十分幸せに暮らしているのなら、無理して片づける必要はありません。どんなにいいことであっても、「ねばならない」でやってしまうと苦しくなるだけ。

片づけも、そう……。片づけなければならないと無理して、必死になって、努力してやろうとするから、苦しくなるのです。

そして、ちゃんと片づけられない自分を責めたり、裁いたり、ダメ出ししてしまう。もうそんな自虐的な「片づけブルー」からは、きれいさっぱり卒業しましょう～。

そのためにも、「片づけられないモノや場所」にフォーカスするのではなく、片づいているモノや場所に注目すること。「片づいている」ということは、「ツイている」ということ。そういう「ツイている」モノや場所に注目し、「ツイている」モノや場所を自分の回りに増やしていくよう、心がければいいのです。

たとえば、食器棚が「片づいている」のなら、食器棚の「片ツイている」部分をキッチン全体に広げていくこと。デスクの引き出しの中が片づいているのなら、それをデスクの上やデスク周り、デスク全体、書斎スペースへと広げていくこと。

そうやって、自分の身の回りの「片ツイている」領域を徐々に広げていくという風にイメージして取り組むと、プラスのエネルギーが拡大し、片づけることもきっと楽しくなるハズ。そうやって自分の回りの「ツイてる」部分を増やしていくことが、片づけを通じて幸せ度をアップさせるコツになるのです。

誰でも必ず、片づけられるし、幸せになれます！

「片づけられない」＝「価値がない」「不幸である」と思っている方も多いのではないでしょうか？　しかし、それは明らかな間違いです。そもそも、片づいているかどうかの、絶対的な判断基準などありません。

本書を通じて私がお伝えしたいことは、「片づけ」とは物理的な作業や現象だけの問題ではないということ。その本質はあくまで、私たちの心の問題なのです。

片づけられない人とは、過去の思いを握って手放せない、過去の思いに決着をつけることができずに、縛《しば》られてしまっているのです。そういう状態は幸せでしょうか？

そういう状態のことを、人は不幸と呼ぶのではありませんか？

しかし、現実的には過去のことはすでに終わったこと。仮にあなたが、どんなに過去の思いが手放せないでいたとしても、実際はすでに「片づいている」のです。ですから、「過去の思い」を「片づけられない」ハズはないのです。

あなたがお家の中を片づけたいと思っているとしたら、それは「この辺りで過去の思いを清算し、決着をつけたい……」と思い始めたサインです。その思いこそ、最も大事なポイント。片づけたいという思いがあなたの未来をより明るく、幸せに導いてくれるサインであり、「今よりも、もっと幸せに生きていきたい！　自分らしく生きていくぞ！」というポジティブな意欲の表れに他なりません。

その思い、気持ちをもっと、大切にしてください。

生きている限り、すべての人に幸せになる権利があるように、この世に片づけられない人など、ひとりもいません。幸せになりたいと思う気持ちさえあれば、必ず過去の思いにカタをつけられる、つまり「片づけられる」のです。

大丈夫！　あなたも必ず、片づけられます。過去の思いにカタをつけて、身の回りを片づけて、今よりもっと幸せに生きていきましょう。

第2章

片づけは技術ではなく、メンタルだ！

すべてのモノには、「思い」が宿っている

第1章で解説した通り、片づけの本質とは、整理収納のノウハウやスキル、手法やテクニックの問題ではありません。テクニックだけで片づけようとすれば、一時的には片づけられたとしても、必ずリバウンドして、元に戻ってしまいます。

それは片づけられない根本原因である、心の中が片づけられていないから……。

片づけの本質とは、自分の思いにいかに決着をつけるかという心の問題。心の「在り方」を変えていくことこそ、片づけの本質であり、究極の目的なのです。

なぜ、片づけは手法やテクニックの問題ではなく、心の問題だと言えるのか？

これは日本人なら、誰でもある程度、理解できるハズ。世界広しといえども、裁縫針や人形を供養したり、包丁塚を作ったり、車をお祓《はら》いする習慣を持つのは、日本人

だけでしょう。こうしたモノや道具を大切に扱い、供養したり、お祓いするのは、モノにも魂が宿っているという世界観があるからこそ。つまり、日本人にとって、モノや道具は単なる物質ではなく、人生の相棒であり、潜在的には自らの魂の一部を共有する「分け御霊《みたま》」であると考えているからだと私は思います。

もちろん、自分の身の回りにあるモノすべてを「分け御霊」であると考えているワケではないでしょう。普段からそんなことを意識している人は少ないでしょう。

しかし、身の回りのモノをいざ片づけよう、処分しようと思った時、誰でも多かれ少なかれ、そのモノにまつわる思い出や感情が湧き上がって来るもの。幼い頃から大切にしているぬいぐるみなど、単なるモノとして片づけられないものが、あなたの身の回りにもあるのではありませんか？　そうしたモノにくっついている感情こそ、片づけられない根本原因。そこが片づかない限り、その思いに決着がつけられない限り、いつまで経っても片づけは終わりません。

日本人の場合、愛着のあるモノほど、こうした傾向が強くなることは否《いな》めません。だからこそ、単なるモノに過ぎない、針や包丁、人形を供養し、車にもお祓いを施そうとするのです。こうした行為は、モノを大切に扱うというより、そのモノに宿っている人々の思いに寄り添って、モノに宿っている思いの方を片づけるための儀式、セレモニーに他なりません。

現代物理学の基礎となる量子力学において、モノを形づくっている最小単位である原子レベルでは、すべてのモノは常にエネルギーを持って運動しており、原子を構成する原子核は意志を持ち、原子核の周りを回る電子には意識が宿っているという仮説を唱える学者もいるとのこと。

もし、すべてのモノに意識や意志があるとすれば、モノに宿っている意識や意志を大切に扱う日本人の針供養や包丁塚の慣習は、科学的にもちゃんと理に適《かな》った行為だと言えるでしょう。

日本人は昔から、モノにも魂が宿ることがわかっていました。

その感性に、ようやく科学の進歩が追いついて来たのかもしれません。

ただし、モノに魂を宿すのは、神様ではありません。それは私たち人間の役割です。

私たちがそのモノに愛着を持ち、自らの思いを託した時、モノは単なるモノではなく、私たちの魂の一部を分け合った「分け御霊」となるのです。

私たちの身の回りにあるモノには多かれ少なかれ、私たちの思いが宿っています。

私たちの思いとは、エネルギーです。エネルギーには質量があります。質量があるということは、重さがあるということ。そう……、思いは、重いのです。

モノが捨てられない、片づかない、整理できないのは、このモノにくっついているエネルギーのせい。私たちがモノにくっつけてしまった思いが重くて、片づけられなくなってしまっているのです。

見方を変えれば、モノにくっついている思いの重しが外れれば、片づけるのは簡単です。モノに対する思いがなくなれば、あとは物理的に片づけるだけ。その時、初めて整理収納のノウハウやスキル、手法やテクニックが活きてくるのです。

「思い」は「重い」。

モノに宿った思いの重しを断ち切らない限り、永遠に片づけられません。

あなたが今まで、片づけられなかった本当の原因はここにあったのです。

片づけは「ねばならない」でするものではありません

あなたの身近なモノには、あなたの思いが宿っており、その思いが重しとなって、あなたの心の中に居座っているために、なかなか片づけられない、片づけようとしてもはかどらないということは、なんとなくご理解いただけたかと思います。

では、どうすればいいのか？

まず、片づけを「ねばならない」でするのは、やめましょう。

もちろん、片づけなくてもいいと言っているワケではありませんが、少なくとも「なんとかしなくちゃ、とにかく片づけなくちゃ……」というような、何かに追い立てられるような気持ちで片づけようとするのはやめましょう。

実際、そんな思いで片づけても、辛くなるだけで、うまくいくハズはありません。

何より、少々片づけをサボったところで、すぐに生死にかかわるような事態にはなりません。ですから、ちょっと片づけのことは脇に置いて、まずはゆっくり深呼吸です。

こうした片づけ本をお読みになる方は、間違いなく「いい人」です。あなたもきっと、そうでしょう。だって、わざわざお金を出して、この手の本を買って読んで勉強し、ちゃんと片づけようと努力をしているのですから。

しかし、その真面目さが、その一生懸命に努力しようとする姿勢こそが、片づけられない原因になってしまっているのかもしれません。

「見つめたものが拡大する」という法則があります。

たとえば、ハワイに旅行に行こうと思った途端、点けたテレビでタイミングよくハワイの特集をやっているとか、美容室で何気なく手に取った雑誌にハワイの特集記事が載っているとか、友人からハワイのお土産をもらうとか。そういうことです。

これは偶然の一致とか、シンクロニシティ（共時性）とか呼ばれたりもしますが、あなたが「ハワイ」という検索キーワードを頭の中に打ち込んだため、ハワイに関する情報が目の前にドドーッと現れて来たということです。普段からハワイを特集したテレビ番組や雑誌はあったハズなのですが、あなたがハワイに注目し、ハワイを見つめない限り、それらは存在していないのと同じ。あなたがハワイを見つめたからこそ、ハワイ関連の情報が目の前に集まって来たように見えるのです。

これと同じことが、片づけに関しても言えます。

あなたが「片づけなければならない」という思いを持っていると、「片づいていない現象」が強調されてしまいます。他人からは、どんなに片づいているように見える場所であっても、あなたが「もっとちゃんと片づけないと……」と思っている限り、片づいていない場所ばかりが目につき、その場所があなたの意識の中で拡大し続けることになります。その意識を持っている限り、まさに重箱の隅をつつくが如《ごと》く、部屋の隅の目立たない場所のホコリまで、拡大鏡で大きく映し出すかのように見つけ出し、気になってしまうのです。それが度を超すと、他人が触ったという理由でお札まで洗ってしまう、極度の潔癖症のような精神的な病に発展するケースもあると言われています。

くり返しになりますが、何のために片づけようとするのかを、一旦《いったん》立ち止まって、よ〜く考えてみましょう。

それはあなたがより快適に暮らすため、より心地よく、幸せに過ごすためではありませんか？　にもかかわらず、「片づいていない状態」を見て、イライラしたり、気分が悪くなったり、幸せ度が下がるようであれば、まさに本末転倒。そうなるくらいなら、無理して片づけようとせず、「まぁ、いいか……」と片づけを放棄してしまった方が、精神的にはよほどいいかもしれません。

何のために片づけようとするのか？

これはとても大事な視点です。ここを間違えてしまうと、どんなに片づいても、あなたの生活は快適になることもないし、人生が幸せになることもありません。

片づいていないの「ない」の方を見つめないこと。片づいているの「いる」、つまり、「ある」の方を見つめること。片づいていないというマイナスの状態を見つめるのではなく、片づいているというプラスの状態を見つめて、そこを段々と拡大していくこと。これが「幸せになる片づけ」、「すごい片づけ」の極意です。

ぜひ、この視点を忘れないようにしてくださいね。

「収納上手」を目指してはいけません

巷には「片づけ本」が溢れ、メディアでは常に新しい収納ノウハウが特集され、収納関連の新商品が次々と店頭に並びます。

確かに日本の狭い住宅事情を考えると、効率よくモノを収納するためのノウハウやテクニックは、生活していくために欠かせない重要な要素であることは間違いありません。しかし、溢れんばかりのモノを収納グッズや収納の技術、テクニックだけで解決してしまおうという発想自体が、実は「片づけられない」原因になっていることもあるのです。

収納に便利なグッズやノウハウを駆使して、狭いスペースを有効に活用し、快適な暮らしが実現できるのであれば、積極的に活用すればいいことです。

しかし、そうしたグッズやノウハウ、テクニックに過剰に頼ってしまうと、本質を見失いがちになるので要注意。本来、片づけはより幸せに暮らすため、不要なモノを手放し、シンプルな暮らしを実現するためのもの。にもかかわらず、こうしたグッズやテクニックを駆使することで、モノを片づけるのではなく、単に隠すことが上手になっているケースも見られます。これは「カタをつけた」のではなく、一時的に「棚上げした」だけで、片づけ問題を先送りしているだけに過ぎません。

「限られたスペースの中で、溢れるほどのモノをどうやって、スッキリ収納すればいいのか」という悩みは、誰もが直面する問題に違いありません。そのための対策として、こうしたグッズやノウハウを活用すること自体、問題はありませんが、片づけの真の目的は、「そもそも、その溢れるほどのモノは本当に必要なものなのか？」「そのモノは、私の幸せに貢献してくれているのか？」を自らに問いかけること。

その一番大事な目的が、グッズやノウハウによって、見えにくくなってしまう可能性もあるので、要注意です。

「収納上手」を目指していたのに、結果的に「隠すのが上手な人」になってしまっては、もったいない。「とにかく今、あるモノを見えないように、隠してしまえばいい」という発想で片づけようとすると、見た目はスッキリしたとしても、根本的には何もカタづいていません。それは不要なモノまで、すべて自分の中に抱え込むということ。

そうした行為が、自分の本音を抑えて、言いたいことが言えなかったりする、「心の便秘」状態を招くことになる可能性は大。あるいは、もっと直接的に「捨てられない」「なんでも溜め込む」という性質が強調されると、身体の中でも同じことが起こり、排出機能が正常に働かず、実際に便秘症に陥ったりなど、内臓疾患《しっかん》につながるケースもあるので、注意が必要です。

家の片づけと心の状態、身体の健康状態とは密接につながっています。あなたも家の中の状態と、そこに住む人の精神状態とがリンクすることは、なんとなく理解できると思います。事実、家の中がスッキリときれいに片づいている人の精神状態は、やはりスッキリ片づいているもの。家の中が散らかっている人の精神状態が、スッキリと片づき、穏やかであるということは、ほぼあり得ません。

収納上手を目指して、モノを捨てずに家の中を片づけようとする人は、とりあえず体面をとり繕うためには、自分が本音を隠して、我慢すればいいという発想になりがち。それでは周りの人からは「いい人」と評価されるかもしれませんが、自分自身の内面に要らないモノをたくさん抱えて、ストレスでいっぱいになるだけ。

その状態が続くと、やがて、本当に胃に穴が開いてしまったり、便秘や下痢で腸の状態がおかしくなるなど、現実的に身体の健康に影響が現れてくるのも時間の問題だと言えるでしょう。

収納グッズやテクニックに安易に頼る前に、そうやって収納しようとしているモノは、本当に必要なのかということを自らに問いかけてみること。

収納するためのモノがなくなれば、そもそもグッズに頼ったり、ノウハウを駆使する必要もなくなり、収納上手を目指す必要もなくなります。

人はその根本的なところと向き合うのが、一番怖いのです。それはまさに自らの「過去の思い」と向き合い、「カタをつける」ことにつながるから。その根本的なところと、ちゃんと向き合うこと。それが「すごい片づけ」の目的です。

本気で自分を変えるための3つの方法

あなたが片づけたいと思う時、それはあなたが過去の思いに決着をつけて（＝カタをつけて）、未来に向かって、本気で変わりたいと思っている時です。

本気で自分を変えるためには、次の3つの方法が効果的だと言われています。

「時間の使い方を変える」「つき合う人を変える」「住む場所を変える」。

この中で即効かつ劇的な変化が期待できる方法が、「住む場所を変える」こと。

引越しに伴う出費と労力はかかりますが、その出したエネルギーに見合う効果は確実かつ、最も早く現れます。

あなたが本気で人生を変えたいのなら……、本気で片づけたいと思うのなら、「今すぐ、引越しすべき」と言い切ってもいいぐらいです。

私たちは住んでいる環境から、想像以上に大きな影響を受けています。
いわゆる「シンデレラストーリー」ではありませんが、ずっと貧しい暮らしを続けていても、ある日、突然、豪華なお屋敷に連れて来られて、そこで生活するようになると1カ月も経たない内に慣れてきて、1年も経つと昔の暮らしぶりを忘れて、すっかりお屋敷の住人に相応しい立ち居振る舞いになっているハズ。住環境を変えることで、その環境に相応しい中身に変わっていくのは珍しいことではありません。

実際、引越しする時は、人生を転換させる大チャンス。それは同時に千載《せんざい》一遇《いちぐう》の「片づけチャンス」にもつながります。

引越しの際、片づけていると、以前住んでいたところから持って来た荷物の中に、前回の引越しの段ボールのまま放置されていたようなものが出て来るかもしれません。そんな時は、中身を確認せずに「全捨て」でいいのです。中身を開けて見てしまうと、「まだ使えるかも」と思って、また同じように段ボールのまま、次の引越し先に持って行くことになるだけ。それが片づかない原因になるのです。

日本の神社の最高位に位置する伊勢神宮は、20年ごとに「遷宮《せんぐう》」という引越しの儀式を、すでに1300年の長きにわたって、くり返しています。なぜ、神様が20年ごとに住まいをお引越しされるのか？　ここに日本人の「片づけ」のDNAが秘められていると私は考えています。

私たち日本人にとって、家は神聖な場所。神様が降りて来る場所に他なりません。その神聖な場所である家は、どんなに片づけても、やはり汚れがついてきます。古くなったり、傷みやほころびが出て来るのは物理的に避けられません。だからこそ、その神聖さを保つために、定期的なお引越しが必要になってくるのです。それが伊勢神宮で1300年間も続いている「遷宮」という儀式の意味だと、私は考えています。

引越しをするということは、今まであなたにツイてくださっていた神様から、新しい住まいに相応しい神様に担当が変わるということ。折角、そんな運気転換の大チャンスが訪れているのに、古いエネルギーを宿したままのモノを新しい家に持ち込むのは、実はとてももったいないことなのです。日本人が新築を好むのも、そういう理由から。新しい家には、まだ何の色もついていない新しい神様のエネルギーが宿っていることが、感覚的にわかっているから、私たちは新築にこだわるのでしょう。

自分が理想とする生活があるのなら、まずその理想の生活に相応しい土地や場所の周辺に引越すことをイメージしてみましょう。お金を出せば、間取りや設備は選べますが、環境や土地の持つ波動はお金を出しても買うことはできません。今の暮らしを、今までの人生を本気で変えようと思うのなら、まずは理想の環境に身を置くこと。その環境に相応しい自分に変えていく。それが運命を変えるためのコツになります。そのために住む場所を変えるイメージをし、引越しを目標に掲げて、今、暮らしている家の中を片づけるという流れがおススメです。

同じ家賃なら、間取りや設備を重視するのではなく、あくまで環境優先です。もちろん、その際、できるだけ古いモノは手放してしまうこと。折角、新しい場所に移るのですから、古いエネルギーが宿ったモノは極力、持って行かないこと。それがまさに片づけの本質であり、片づける意味や目的も、そこにあるのです。

憧《あこが》れの土地に暮らし、新しい家で生活することで、その土地や家に相応しい神様が、あなたの元に降りて来ます。その新しいエネルギーを受け取ることで、あなたの内面から滲《にじ》み出る波動も変わって来ます。その波動が、あなたが暮らす土地や家に相応しい現象を引き寄せ、新たなステージへと引き上げてくれることになるのです。

本気で片づけたいのなら、他人を活用すればいい!?

引越しをする際のメリットをもうひとつ。

それは他人にあなたのモノを片づけてもらう、めったにない大チャンスだということ。これは非常に大きなメリットなのです。

先述の通り、すべてのモノには、あなたの「思い」が宿っています。しかし、その「思い」はあくまで、あなたの「思い」。他人から見れば、単なるモノに過ぎません。

実際、あなたが昔の恋人からもらって、ずっと大切にしている思い出がいっぱい詰まったアクセサリーであっても、それは第三者から見れば、ただの古めかしいガラクタに過ぎません。

ですから、あなたが自分の気持ちの部分に、本当に「カタをつける」ことができていれば、あとの物理的な片づけ作業は、すべて第三者に委《ゆだ》ねてもいいぐらい。むしろ、引越し業者さんや掃除のプロに任せた方が、時間もエネルギーも節約でき、より完璧に片づくかもしれません。

それを阻《はば》むものがあるとすれば、それはあなたの「思い」だけ。何度もくり返している通り、片づけられないのは、あなたの思いに「カタがつけられない」、「決着をつけることができない」ことが根本原因に他ならないのです。

片づけの原点は、使ったモノを元の場所に戻すということ。

これは物理的にできない人の方が珍しいでしょう。つまり、物理的に片づけられない人は、この世にいないと断言してもいいぐらい。あなたが本気で片づけたい、片づけようと思えば、物理的には必ず片づけることができるのです。

そのためにはまず、最初に片づいた、理想の状態をつくること。

これには他人の、第三者のその道のプロの手を借りることをおススメします。

たとえば、「劇的ビフォーアフター」というTV番組。さまざまな家が抱える問題を「匠《たくみ》」と呼ばれるリフォーム業界の専門家が物理的に解決していくという内容で人気のあった番組ですが、あの「アフター」の状態を見ると、単なるリフォームの域を超えて、見事なまでに片づいています。これは他人の力を活用して、片づけられた好例だと言えるでしょう。もちろん、ここまで大がかりな片づけではなくても、家事代行サービスを利用するとか、片づけや掃除のプロに手伝ってもらうのも、おススメです。

このように物理的に片づいた状態をつくるのは難しいことではありません。確かに費用はかかりますが、他人の手を借りれば、完璧に片づけることは物理的には可能なのです。

しかし、そうやって完璧に片づいた状態が維持できるかどうかは、また別問題です。もちろん、基本は使ったモノを元の場所に戻せばいいだけですから、誰にでも片づけられるハズですし、物理的には当初の完璧に片づいた状態を保つことも難しくないハズなのですが……。

実際、本当に片づいている人の家の中は、住み始めた時の状態が、何年経っても、ほとんど変わりません。もちろん、物理的に家が劣化《れっか》して来るのは避けられませんが、それ以外は家の中のモノが新しく変わっていたとしても、見た目は最初とほぼ同じ。まさにホテルや旅館の部屋のように、何年経っても、いつでもほぼ同じ状態が保たれているのが特徴です。それは物理的に、ちっとも難しいことではありません。

あなたがもし、本気でお片づけに取り組もうと考えているのなら、引越しすることをおススメします。その際、古いモノは第三者に処分してもらって、新しい家に極力、持ち込まない。そして新しい家の方は、こちらも第三者のプロの手を借りて、完璧に整えてもらいましょう。あとは、その状態を維持すると、あなたが決めるだけ。

その際、「使ったら、使ったモノは元の場所に戻す」、「新しいモノを購入したら、以前からあった同じ種類のモノは処分する」、「日々、増え続ける消耗品で不要なモノは、その場で処分する」。この3つを徹底すれば、必ず片づいた状態が維持できます。

ようはあなたにその覚悟ができているかどうか、あなたの「思い」にカタがつけられているかどうかだけ……。

結局、ここでもまた、「そこ」が問われることになるのです。

片づいていない場所には、あの神様が降りて来る!?

さて、先述の通り、日本人にとっての家とは、神聖な神様のエネルギーが降りて来る場所。それを意識しているかどうかに関係なく、靴を脱いで上がり、寝食を行う場所である家は、「依《よ》り代《しろ》（神霊が依り憑《つ》く対象物のこと）」と呼ぶべき場所に相当します。昔の日本家屋が、神社と同じような作りになっているのは、そのためです。昔の人は、自分の家に神様を呼び寄せるために、神社の形に似せて、自分たちの家を造ったのでしょう。

日本人のＤＮＡには、「家は神様が降りて来る場所」という意識が刻み込まれています。ですから、あなたが日本人であれば、どんな家に住んでいようと、必ずその家には神様が降りて来るのです。

しかし、その家にどんな神様がやって来るのかは、あなた次第。あなたが家の中をどんな風に片づけているかによって、やって来る神様が決まるのです。

眠りにつくことは、私たちの魂の故郷である目に見えない世界に還るということ。朝、起きることは、再び目に見える現実世界に生まれることに他なりません。

私たちの魂は眠っている間に、身体を抜け出し、目に見えない世界に還って、リフレッシュして来るのです。その時、魂が抜け出た身体の方も、その家に宿っている神様のエネルギーによって大掃除され、リフレッシュされることになります。

つまり、その家にどんなエネルギーの神様が宿っているかによって、あなたの身体と心、魂は大きく影響を受けることになるのです。

片づいていない家には、片づいていない家に相応しい神様がやって来ます。

それは一般的に貧乏神や疫病神《やくびょうがみ》と呼ばれる神様のようです。貧乏神や疫病神は、片づいていない場所が大好きです。ゴチャゴチャとモノが散乱し、ゴミ屋敷のようになっている家ほど、貧乏神や疫病神にとっては居心地がいいのです。

ですから、そのような家で生活し、そこで眠っていると、確実に貧乏神や疫病神にとり憑かれます。貧乏神や疫病神は、あなたがより貧乏になるよう、より災難に見舞われるようにサポートするのがお役目です。なぜ、そんな悪いことをする神様が居るのか、あなたは不思議に思うかもしれませんが、それはそうした災難やトラブルを経験することで、本当に大切なことに気づいて欲しいと願っているから……。

あなたが無意識レベルで自らの気づきを促すために、貧乏神や疫病神を自分でチョイスしているのです。

しかし、それらにとり憑かれてしまうと、現実的に何をやってもうまくいきませんし、そのセイで家の中の雰囲気はますます暗くなり、さらに家の中が乱れて、ゴミが散乱するという悪循環に陥る可能性が高くなるので、要注意です。

逆に神社の本殿のように、床はきれいに磨き上げられ、天井や壁にもホコリもなく、余計なものが一切置かれていないような、スッキリと片づいた家には、神社と同じレベルの素晴らしい神様がやって来ることになります。そういう場所で生活をし、寝起きすることは、神社の中で素晴らしい神様と共に暮らしているのと同じようなもの。

いつも美しく、きれいに整っている家には、その家に相応しい、美しくて、きれいで豊かな神様がやって来ます。その美しくて、きれいで豊かな神様に応援されるようになることが、人生を成功に導くヒケツであり、そのためにも家の中の整理整頓を心がけ、常にきれいに整え、片づけておくことは欠かせません。

この辺りの仕組みを昔の日本人は、感覚的に理解していました。

ですから、日本人は過剰にモノを持つことはなく、常に質素に慎《つつ》ましく、シンプルな暮らしを貫いていたのです。ほんの数十年ほど前までは……。

もちろん、だからといって、現代においてはすべてのモノを捨てて、出家するような、極端な生き方を目指す必要はありません。

ようは、貧乏神や疫病神にとり憑かれないような家にすればいいのです。神社をひとつのお手本としながら、できる限り、家の中の掃除、片づけを徹底し、美しくて、きれいで豊かな神様にとって居心地のよい空間づくりを心がけること。

そうすると結果的に、あなた自身の暮らしが心地よいものにもなりますし、それによって、あなたの運気がアップし、より自由で、幸せで、豊かな暮らしを実現することもできるようになるのですから……。

日本語が教えてくれる、片づけに隠された真意

片づけは大別すると、「整理・収納」と「掃除」に分けられます。

まず、不要なモノを処分し、必要なモノはキチンと決められた場所に収納すること。これで家の中が片づきます。その片づいた状態を維持するために必要になるのが、掃除です。

掃除も細かく分類すると、大きく「掃《は》く」と「拭《ふ》く」に分けられます。

すでに現代では掃除と言っても、主に掃除機でゴミを吸い取るだけで、箒《ほうき》を使ってゴミを掃いたり、雑巾《ぞうきん》を絞って床を拭いたりすることもなくなりました。

しかし、掃除の基本は今も昔も変わらず、「掃く」と「拭く」であることは間違いありません。

この「掃く」と「拭く」という行為。なぜ、「掃く」「拭く」と言うのでしょうか？

日本語は基本的に同音異義。「はく」には、「薄く延ばす（＝箔）」という意味や「出す（＝吐く）」という意味もありますが、私は「はく」は「白」に通じると考えています。「白」はまさに、白黒、紅白の「白」です。「白」は白星につながる縁起のよい言葉。

「掃く」こと。つまり先に出すことによって、あとから真っ白で純粋なエネルギーが引き寄せられることを、この言葉は私たちに教えてくれているのかもしれません。

一方、「ふく」には、「息を吐き出す（＝吹く）」という意味や「湧き出す（＝噴く）」という意味もありますが、こちらも「福」に通じると、私は考えます。

「福」は、まさに幸福の「福」。福の神の「福」です。

つまり、「拭く」ことも、「掃く」と同様に、先に出すことが、幸福や福の神を引き寄せることにつながると、私たちに教えてくれているのではないでしょうか？

先述の通り、日本語のルーツを辿《たど》っていくと、最初にあったのは「音」だけ。初めからあった音に対して、あとから文字を当てはめてできたのが、日本語です。

日本語は「音」が中心に成り立っている言語なので、ひらがなだけでなく、漢字、カタカナ、ローマ字など、さまざまな文字で表すことが可能になるのです。

そう考えると、同じ音で発音される言葉は、極めて高い類似性があるということ。

つまり、「掃く」が「白」に、「拭く」が「福」に通じているのは、やはり掃いたり、拭いたりして掃除をすることは、白星につながったり、福の神を引き寄せることにつながる縁起のよい行為だと言えるでしょう。


ちなみに掃いたり、拭いたりする対象物である、「ゴミ」や「チリ」「ホコリ」も、その言葉の成り立ちを考えてみると、実におもしろい。

「ゴミ」は、「混み（込み）」が濁《にご》ったもの。濁点がついた言葉は、本来のエネルギーが強調・増幅されます。つまり「ゴミ」は、「混み」がさらに強調された「非常に混み合ったモノ・状態」という意味。まさに「ごみごみ」しているというイメージです。

「チリ」は、「散り」。「散らばって散乱したモノ・状態」を表します。

また「ホコリ」は、「ほ・凝《こ》り」。「ほ」とは、「火《ほ》」「穂」など、「先端にあるエネルギー」という意味。「凝り」は「固まる」という意味なので、「ホコリ」とは、「先端や表面で凝り固まったモノ」という意味。

また「ホコリ」は、「誇り」にも通じます。「誇り」とは、「自らの表面に凝り固まったもの」と解釈できるので、たくさんの「誇り」をくっつけていると、人も家も、動きが鈍り、本来の輝きが見えにくくなってしまうので、要注意です。

結局、掃除したり、片づけることで悪いことはありません。

片づければ片づけるほど、掃除すればするほど、非常に混み合った状態が解消され、散らばったモノや表面に凝り固まったモノが取り除かれ、白星につながる強運を引き寄せ、福の神のような幸運を授かることになるのですから……。

そんな風に考えると、日本語の「掃く」が「白」に、「拭く」が「福」につながっているのも、単なる偶然ではなく、やはり必然の産物だという気がしてきます。

イエ、むしろ、「掃く」も「拭く」も、「ゴミ」や「チリ」「ホコリ」も、先人たちがこうした真意を理解した上で、そういう深い意味を込めて作った言葉のような気がしてくるのですが、どう思われますか？

「祓い、清め」こそ、片づけの極意

日本家屋の原型が神社にあったことは、先述の通りです。

実は片づけの原型も、神社の作法にあるのです。

神社ですべき、最も大切な作法は何か、ご存じでしょうか？

ズバリ！「祓い」と「清め」です。

神前で祝詞《のりと》をあげる際、「祓い給え、清め給え」というフレーズが必ず唱えられますが、まさにこの「祓い」と「清め」こそ、神社という聖域を保つためのコツであり、日本人にとっての片づけの原点とも言うべき作法なのです。

「祓い」とは、「お祓い」や「厄《やく》払い」「悪霊祓い」などの「祓い」です。身についた物理的、精神的な汚れを取り除くための浄化の儀式であり、神様をお迎えするための準備として、罪穢《けが》れのない清浄な空間をつくりあげることが目的です。これは、「禊《みそぎ》」とも呼ばれ、神道における非常に重要な儀式です。ちなみに「禊」とは、「身・削ぐ」から来た言葉で、身体についた「穢れ（＝気・枯れ）」を取り除く行為を表すと言われます。神社に参拝する前に、お手水《ちょうず》を使うのは、この「禊」を簡略化した「祓い」の儀式に他なりません。

一方「清め」とは、汚れを除き、清浄に整えること。罪や穢れなどの不浄を取り除いた後に、その清らかな状態を保つこと。

神社でお祓いをしてもらうことは、日頃の罪穢れを禊で「祓い」、清浄な空間で心と身体を整え、「清め」によって、人間本来の元々の清らかな状態に戻すことを目的とした儀式だと言われています。

この神社の作法、神道で言うところの「祓い」と「清め」。これを現代風に言い換えると、ズバリ！「片づけ」ということになるのです。

「祓い」とは、不要なモノを処分することと掃き掃除。「清め」とは、整理整頓と拭き掃除に相当します。日本人が2000年の長きにわたって受け継いで来た「祓い、清め」の神道の精神が、現代のお片づけに脈々と受け継がれているのです。

神道の基本は、掃除に始まり、掃除に終わると言われます。

神社の格を見極めるポイントは、掃除にあり。その神社の格、つまり神社に宿る神様のエネルギーの高さを左右するのが、まさに掃除の善し悪しなのです。

人々がこぞって参拝に訪れる、人気のある神社ほど、隅々まで掃除が行き届いており、境内全体に清々しい御神気がみなぎっています。

反対に掃除が行き届いていない神社は、穢れ（＝気・枯れ）ていると見なされ、肝《かん》心《じん》の神様が依りつかなくなっていることも。そういう神社は、ひと気もなく、ひと気のない神社は人気もないので、ますます穢れ（＝気・枯れ）ていくという悪循環に陥ることもあります。

この神社の善し悪しを分けるポイントと、家の善し悪しを決定づけるポイントは、全く同じ。ようは掃除が行き届いているかどうかです。

神社の掃除とは、「祓い」と「清め」であり、それが家になると、「片づけ」という言い方に変わるだけ。つまり、家を片づけるということは、家自体の「祓い」と「清め」を同時に行うことであり、それが直接、その家に住む人の「祓い」と「清め」につながっているのは言うまでもありません。

先に、片づいていない家には貧乏神や疫病神が宿ると書きましたが、これは家自体の「祓い」と「清め」ができていないことが原因です。

するると、どうなるのか？

家も人も、「穢れ」に侵されたまま。「穢れ」とは、気が枯れて、エネルギーが低くなった状態ですから、その状態では元気ややる気も出ず、運気は下がり、邪気がとり憑きやすくなり、運に見放され、ひいては離婚やリストラ、病気や事故など、人生のトラブルに見舞われることになるので、くれぐれも注意が必要です。

そうしたトラブルの根本原因を辿っていくと、家の片づけに行き当たることになるのですから、まさに、「たかが片づけ、されど片づけ」だと言えるでしょう。

モノを「磨く」ことで、「磨かれる」のは自分自身

日本語は世界でも類を見ない特徴を持つ、珍しい言語です。

片づけが、「カタ（決着）をつける」という意味であるのも、また片づけの一部である、掃除の基本の「掃く」や「拭く」が、「白」や「福」に通じているのも、単なる語呂合わせではない、何か深い意味が込められているのかもしれません。

私たち日本人が片づけに惹かれるのは、単なる収納や掃除のテクニックを身につける以上の「何か」があるからではないでしょうか?

片づけの極意として紹介した、「祓い」や「清め」はまさに精神論。神道の考え方の基礎を成すもの。そういう考え方、思想、精神がベースにあって、片づけを語り、実践することと、物理的な収納のテクニックだけに注目する片づけとは、天と地ほど

の差があり、まさに「似て非なるもの」だと言えるでしょう。

「掃く」「拭く」という掃除の基本を終えた、その先にあるものは何かと言えば、「磨く」ということだろうと、私は思います。あらゆるものを「磨く」こと。モノも場所も空間も、もちろん自分の身体や心も、すべてにおいて「磨きをかけていく」ことが、片づけのゴールに位置するものではないでしょうか。

「磨く」とは、「身・欠く（＝掻《か》く）」こと。

身、つまり自分の身体を欠く。「欠く（＝掻く）」とは、削るということです。

「磨く」ことは、「身を削る」ということ。

ではなんのために身を削るのか？　身を削った先に何があるのか？

その「答え」にたどり着くことが、片づけの先にあるもの……、片づけという行為に隠された真意ではないかと、私は考えています。

身を欠き、身を削った先にあるものとは、身をまとっている心であり、魂です。

身体は、「からだま」。「空っぽの魂」という意味であり、身体は「魂の入れもの」

に過ぎないということを、私たちに教えてくれています。

自我という身体についた、余計なゴミ、「混み合っているモノ」を掃いたり、拭いたりして取り除き、その身を欠いて、磨いていくことによって、私たちの本質である魂が本来の輝きを取り戻すことになる。

そういう宇宙の仕組みを日本語は教えてくれている。そういう宇宙の仕組みに気づくことこそ、片づけに隠された真意なのではないでしょうか？

実際、神道だけでなく、仏教であっても、キリスト教であっても、掃除や片づけの重要性は変わりませんし、実際、どんな宗教であっても、その作法や教え、修行の中に掃除や片づけは必ず組み込まれています。

日本人はこうした言葉から、その真意をちゃんと汲《く》み取り、感覚的に理解しているからこそ、これだけ片づけにエネルギーを注ぐのではないでしょうか？

モノや場所、家の中を磨くことで、磨かれているのは実は、自分自身の方なのです。

自分以外の何かを一心不乱に磨く時、自分の身が、エゴという名の自我が「身・欠かれて」、エゴという名の実（＝身）によって隠されていた魂が解放され、本来の輝きが光を放つことになるのです。

それが片づけに隠された本当の意味であり、真の目的だと、私は思います。

ただ現実的に見れば、こうした精神論はどうでもいいことです。

片づけるという行為を極めて、物理的に整理整頓、掃除を徹底していれば、あなたが好むと好まざるとにかかわらず、あなたの魂は勝手に「磨かれていく」のです。

しかも、その行為は精神的に「磨かれる」だけでなく、物理的にもちゃんとメリットがある。部屋がスッキリと片づくことで、きれいで清々しい空間が生まれ、印象がよくなり、作業効率も上がり、家庭は円満。会社の業績は上がり、お店は繁盛するというういいことずくめのリターンが期待できるのが、片づけの素晴らしい点です。

さあ、あなたもなんだか、片づけたくなってきたのではありませんか？

その気持ちが冷めない内に、まずは今すぐにできるところから、とりかかれるところから、さっさとカタをつけていきませんか？

第3章

「数字」で考えると、片づけもうまくいく

「数字」で考える、「すごい片づけ」術とは?

この章では、私がまとめあげた「はづき数秘術」の智慧《ちえ》を活用しながら、家の中の「場所別」に効果的な片づけ法をご紹介していきたいと思います。

「はづき数秘術」の詳細については、参考になる書籍がたくさん出ていますので、ここで詳しく説明はしませんが、ひと言で言えば、「数字を文字として見なし、数字に隠された暗号を読み解き、それを日常で活用するための智慧をまとめた学問体系」だとご理解いただければよいでしょう。

お陰様でこの「はづき数秘術」の関連書籍は「コワいほど当たる」と話題になり、すでに30冊超、累計100万部以上のミリオンセラーとなっていること自体、数字を文字として読み解いた具体的な効果、実績ではないかと自負しています。

数字の「1」には「1」の、「2」には「2」の、それぞれ独自の意味があります。

私たちの身の回りにある数字は、すべて「文字」として読み解くことができます。「はづき数秘術」の智慧を活用すれば、今までは単なる数字としてしか見えていなかったものが、「意味を持つ文字」となり、さらにその「意味のある文字としての数字」を積極的に活用することで、目に見えない人間の深層心理が読み解けたり、人生の方向性や運気の波が明確になったり、自分や周りの人の長所・短所、特徴が理解でき、人間関係を改善したり、恋愛やビジネスがうまくいったりなど、さまざまな効果が期待できます。


さらに「はづき数秘術」を使えば、直接的に数字は関係ないところであっても、その対象を数字に置き換えて考えてみることで、そこに隠された意味や特徴、活用方法が浮かび上がり、より深く理解することも可能になります。

拙著『7曜日の法則』（廣済堂出版刊）では、日〜土曜の1週間をそれぞれ数字に当てはめて読み解き、その活用方法をまとめました。

たとえば、「日曜日は数字の『1』に当たる日。ここから1週間が『始まり・スタート』するので、単に休んだり、遊ぶだけではなく、ここから始まる1週間の過ごし方を決めて、明確な意図を放つことが大切な日」と読み解けます。そうやって、各曜日を「数字」に当てはめることによって、その曜日本来の意味や役割が読み解け、曜日ごとの過ごし方を知り、1週間の運気の波に乗りやすくなるのです。

それと全く同じことが、お家の中の各部屋に関しても言えるのです。

ちょっとイメージしていただきたいのですが、たとえばお家の中で数字の「1」に当たる場所と言えば、どこだと思われますか？

「1」は、1〜9の数字の中のトップバッター。「始まり・スタート」を表します。お家の中で、「始まり・スタート」を表す場所と言えば……。そう！　玄関です。

同様に数字の「2」は、「調和、つながり」の意味を持つため、お家の中では各部屋をつなぐ「廊下や階段」を象徴すると読み解けます。

このように数字の持つ特徴と、お家の中の部屋や場所を結びつけることで、その場所ごとの最適な片づけ法が導き出されます。さらに数字を通して、その場所が片づかない本当の理由やそこに隠された才能などが腑に落ちることによって、今まで片づけられなかった場所が自然に片づけられるようになるのです。

1〜9の数字が持つ意味や役割、その場所に隠された才能、片づけがはかどり、運気を上げる「魔法の言葉《じゅもん》」などを別表の通り、まとめておきます。

まずはこの表をご覧いただき、お家の中の場所・部屋が、どの数字に当たるのかを確認してください。それぞれの場所によって、象徴するものや役割に違いがありますが、お家の中のどの場所・どの部屋であっても、基本的に優劣はありません。

すべてはバランスによって成り立っていますから、金運を引き寄せたいと思って、トイレ掃除に精を出すのは間違っていませんが、トイレだけきれいであれば、他の場所はどうでもいいというワケではありません。それは「お金さえあれば、それでいい」と言っているのと同じこと。トイレ掃除で、仮にお金に恵まれたとしても、それ以外の人間関係や健康面のトラブルに見舞われる可能性が高くなるので要注意です。


1〜9の数字には優劣がなく、時間や暦のように常に循環しています。できれば、お片づけに関しても、「1」の「玄関」から、「9」の「寝室」に至るまで、優劣をつけず、お家の中を循環しながら、バランスのよい片づけを心がけましょう。

それでは「数字」の順番に従って、より具体的にお家の中の場所別、部屋別の「すごい片づけ」術を一緒に学んで参りましょう〜。

隠されている才能	整える時のポイント	運気を上げる魔法の言葉《じゅもん》
社会の中で自分らしさを発揮して、人の役に立つ	余計なモノは置かず、靴はキチンと揃えておく	「(出かける時は) 行って来ます！」「(帰って来た時は) ただいま！」
相手を思いやるコミュニケーション能力	モノは置かない。常に明るい状態を保つ	「つながる。つながる。つながることからすべてが始まる」
童心に返って、創造的な才能を開花する	子どもと一緒に片づける。勝手に片づけない	「子どもを信じるのではなく、子どもを信じた自分を信じる」
日本人としての誠実な生き方	畳の角や四隅が見えるようにする	「日本に生まれてよかった。今日も一日、ありがとうございます」
多くの人々をつなぎ、変化に対応する柔軟性	他人の目を必要以上に気にし過ぎないこと	「大丈夫。すべてはうまくいっている」
無償の愛の実践、家族への愛情、健康増進	積極的に第三者の手を借りること	「愛しています。感謝しています。ありがとうございます」
独創的でクリエイティブな才能、ユニークな個性	自分らしくカスタマイズすること	「私はあるがままの自分を受け入れます。私は私のことが大好きです！」
豊かさ、美しさ、幸せにつながる天職や天命の発現	詰まりを防ぎ、エネルギーが気持ちよく循環する状態を保つこと	「私は無限の豊かさと最高の美しさを受け取る準備ができています！」
自らの才能を120%開花させ、自分らしく生きること	自分の最期を迎えるのに相応しい場所になっているかどうか	「お陰様で今日も一日、うれしく楽しく幸せに過ごすことができました。ありがとうございます。おやすみなさい」

数字別「すごい片づけ」術　一覧表

	数字が表す部屋・場所	数字の持つ意味・役割	片づけられない理由
1	玄関	■上向きの矢印・ベクトル ■最初・始まり・スタート	外（会社・学校）に出ていきたくない
2	廊下・階段	■陰陽図・波型・割れ目 ■受容・調和・バランス	家の中でのコミュニケーション不足
3	子ども部屋&ホビールーム	■卵が割れた形 ■子ども・創造力・躍動感	親の子どもに対する過剰な期待の現れ、信頼の欠如
4	和室	■四角を意味する固い数字 ■固定・安定・継続	忍耐心の欠如。用途がはっきりしていないこと
5	リビング	■人間そのものを表す ■自由・変化・つながり・コミュニケーション	リビングの主役がはっきりしていないこと
6	キッチン	■お腹に赤ちゃんを抱える妊婦 ■愛・美・母性・優しさ	もったいないという思い、自分の領域に対する過剰な防衛本能
7	書斎	■自らのスタイルを貫く斜めの矢印 ■自立・完成・職人気質	自分のテリトリーを守りたい、他人に侵されたくないということ
8	トイレ・バス・洗面	■無限大のマーク ■繁栄・栄光・拡大するエネルギー	自らのネガティブな部分を否定していること
9	寝室	■頭を垂れた賢者・老人 ■完結・平和・手放し	死に対する恐れ、恐怖

1

玄関

すべてのよきことは玄関から。

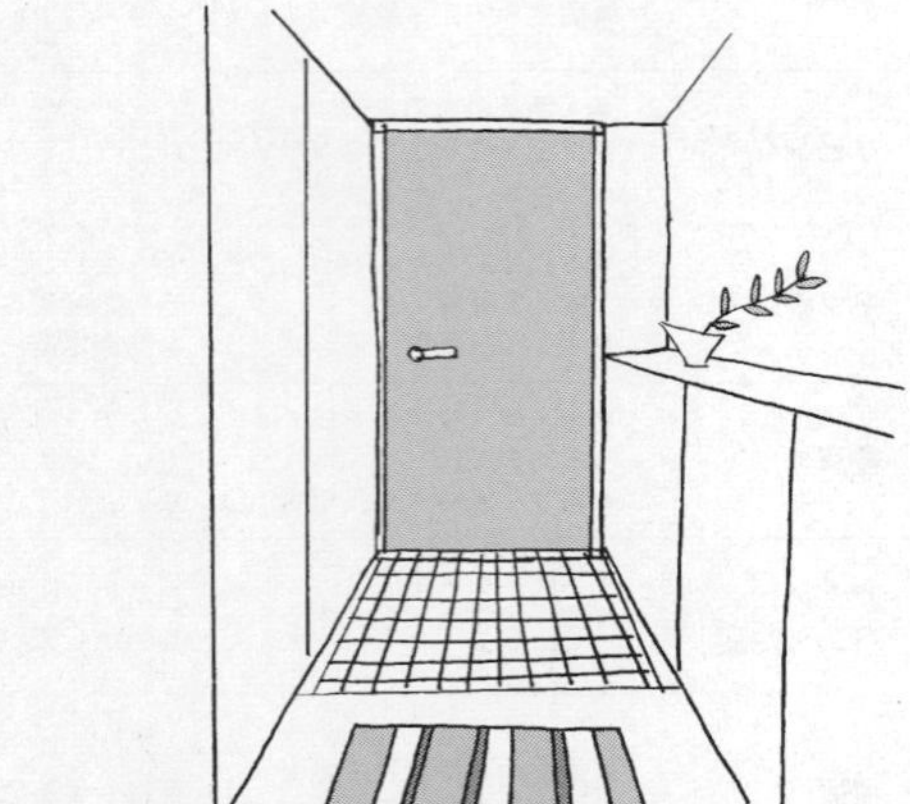

「玄関」を象徴する「数字」とその意味・役割

1～9のすべての数字の一番最初に位置する数字の「1」は、「最初・始まり・一番・スタート」を表します。行動力・実行力・指導力・影響力などを象徴し、すべての数字を代表する「顔」「トップ・リーダー」の役割を担います。その形は「上向きの矢印・ベクトル」を象徴し、「男性シンボル・男性性」を暗示する力強い数字です。


そんな数字の「1」を象徴する、お家の場所はズバリ！　「玄関」です。

お家の中を通る運気、それがプラス・マイナス、どちらのエネルギーであっても、やはりお家の「顔」である、「玄関」を通じて出入りするのです。

お正月に玄関に角松を飾り、しめ縄を飾るのも、神々しいご神気を持つ神様を迎え入れ、邪気が入って来ないようにするための昔からの知恵であり、しきたりのひとつ。

人に人相があるように、家にも家相があると言われますが、その家相を決めるのも玄関です。物理的にも玄関が汚れていると、どうしても家に入りにくく、出かけにくい状態になってしまいます。玄関に要らないモノが出しっ放しになっていたり、靴が脱ぎ散らかしたままで片づいていないと、外からのよいエネルギーが入って来ず、さらに家の中で滞った、澱《よど》んだエネルギーも出ていかず、二重の意味で家全体の運気を下げることになるので、よくよく注意が必要になります。

「玄関」を片づけられない本当の理由

玄関は家の中と外の世界をつなぐ、唯一の正式な扉。玄関を片づけるということは、世の中や社会に出ていくための準備を整えることとイコールです。

そこが片づけられず、汚れて散らかったままというのは、「社会とのかかわりがうまくいかない、社会に溶け込めない……」という深層心理が隠れています。

家以外の社会とは、具体的には子ども・学生にとっては学校であり、社会人なら会社のこと。つまり、「玄関が片づけられない」ということの裏にある心理とは、ズバリ！「会社（学校）に行きたくない」「仕事（勉強やスポーツ）がうまくいかない、自信がない」「仕事（勉強やスポーツ）から逃がれたい」という気持ちなのです。

私たち日本人は靴を脱いで、家に入ります。それだけに私たち日本人にとって、裸足になって暮らす家とは、ある意味、母親の胎内のような神聖な場所だと言えます。安心して裸足になれるお家（＝お内）という聖域から、外に出かけるということは、母親の胎内から、この世という現実社会に生まれ出るということ。

つまり、玄関とは聖域であるお家（＝母親の胎内、内側）から、現実社会（＝お外）に出ていくためにくぐらなければならない心理的な障壁であり、家と外とを分ける関門、あの世とこの世をつなぐためのゲート（扉）の役割があるのです。

そんな玄関周りを必要以上に飾り立ててしまうのは、家から出たくないという意識の現れ。家族で暮らしている場合は、家を守る主婦が夫や子どもを外に行かせたくない、手放したくないという深層心理の現れです。

「玄関」に隠された才能

玄関を散らかしてしまう人の深層心理に隠された思いとは、「社会の中でもっと自分らしさを表現したい、自分らしく生きて人の役に立ちたい」ということ。つまり、玄関が片づけられない人ほど、実は自己表現力や勤労意欲、社会の役に立ちたいという奉仕精神、向上心や行動力、実行力などの、隠れた才能があると読み解けます。

なぜ、玄関を散らかして、自ら家の外に出にくくしてしまうのか？　それは自分が社会に受け入れられるかどうかが不安だから。そこに強い不安を感じるのは、自分が社会に受け入れられたいと強く望んでいるから。それを強く望むのは、そこに潜在的な才能がある証拠。それが自分でも気づいていない、玄関に隠された才能なのです。

「俺はいつか必ずビッグになってやる!」という口グセを持つひとり暮らしの男性の家の玄関は大抵、汚れていますが、それは玄関を汚すことで、無意識に社会との関わりを絶ち、「ビッグになれない正当な言い訳」に使っているため。

これは「ビッグになることが怖い」からであり、裏を返せば、それだけ「ビッグになることに関心がある」「ビッグになりたいと切望している」ということです。

そうやって強くエネルギーを注ぐところに、まだ見ぬ才能が隠れているのです。

あなたがお家の玄関をスッキリ片づけることができれば、あなたと社会との壁が取り払われ、本来の自分の才能が開花し、自分らしく生きて、社会の役に立つための実行力や行動力の才能が開花していくことになるのです。

「玄関」を整える時のポイント

玄関をきれいに整えていると、外に出かけるのが楽しくなります。

反対に玄関が片づいていないと外に出かけるのが億劫《おっくう》になり、外での活動にもやる気が湧いてきません。その結果、学校の成績が下がったり、会社で出世できなくなったりなど、家の外でのトラブルが増えて来ることになるのも避けられません。

一日の始まり、家から外に出かける時は「行って来ます」の掛け声と共に、エネルギーの矢印を「1」という数字のように真っ直ぐ外に向けて放ち、元気にスタートさせ、一日を終えて、母親の胎内のような安心できる我が家に帰って来た時は、玄関で「ただいま（ここに戻りました）」と宣言して、お家に入るよう習慣づけましょう。

玄関で靴を揃《そろ》えておくことは、家の中から外に向かって自らのエネルギーのベクトル（向き）を揃えることにもつながる大事な行為です。靴は玄関に出しっ放しにせず、下駄箱に収納しておくことが原則ですが、やむをえず玄関に置いておく場合でも、泥や汚れはとって磨いておき、外向きにキチンと揃えておくこと。靴はこの世で生きていくための大事な道具ですから、その靴が汚れたままでは、この世という現実社会にしっかりと足をつけて生きていくことができません。

幸運や豊かさのエネルギーは玄関から入って来るので、玄関のドア自体をきれいに保つのはもちろん、完全に開閉できる状態を保ち、時々はドアを全開にして家の中のエネルギー循環を促《うなが》してあげること。またできれば、玄関の土間の部分もホコリが溜まらないよう掃き掃除を励行し、定期的に水拭きをして、常にスッキリと整えておくことで、外と内のバランスが整い、よい運気の循環が促されます。

玄関の運気を上げる
魔法の言葉《じゅもん》

「(出かける時は)行って来ます！」
「(帰って来た時は)ただいま！」

Q&A

Q1 靴が多くて下駄箱に入りきらず、常に出しっ放し……。よくないと聞きますが、どうすればいいでしょう？

A1 靴が多いということは、「違った人生を体験してみたい」という潜在意識の現れ。悪いことではありませんが、あれこれと気が多くて、人生の方向性が定まりにくくなります。また靴は現実を生きていくための大事な道具。キチンと磨いて、メンテナンスしておかないと、現実的な人生においても輝きが失せてしまうので、要注意。玄関に靴を出しっ放しにしておくと、その靴の分だけ、目に見えない知らない人（？）をお家に招き入れるようなことになってしまうので要注意です。使用頻度の低い靴、古い靴は思い切って処分し、下駄箱内は便利な収納グッズなどを活用して効率よく収納しましょう。

Q2 鏡や小物など、開運グッズをいろいろ置いていますが、あまり効果がありません。なぜでしょうか？

A2 開運グッズに意味がないとは言いませんが、最も開運効果が期待できる行為は、整理整頓、掃除、片づけです。開運効果を期待して置いたグッズがホコリを被って、汚れたり、古くなっていては、開運どころか、かえって邪気を引き込むような逆効果になることも。効果がないように感じるのであれば、無理して置き続ける必要はありません。玄関は大事な気の通り道。そこに効果が疑わしいモノを置きっ放しにしているのは、運気の出入り口を自らの意志でふさいでしまうようなもの。開運グッズに頼るより、玄関をスッキリ片づけることに集中した方が開運効果もより期待できるでしょう。

2

廊下・階段

エネルギーのつなぎ役。
詰まりは禁物。

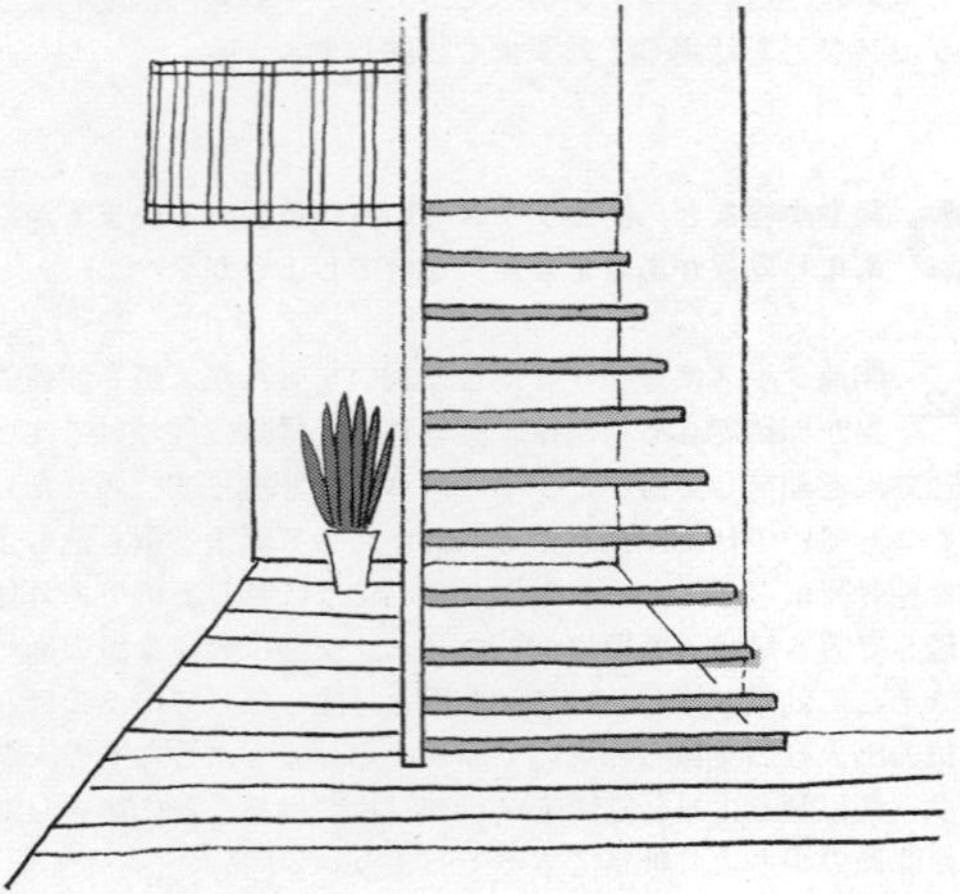

「廊下・階段」を象徴する「数字」とその意味・役割

「2」は陰陽図マーク☯の真ん中の波線を基にしたと考えられます。「1」の「男性性」に対して、「2」は「女性シンボル・女性性」の象徴。その形は、「波型、割れ目、裂け目」を表し、「受容・調和・バランス」などを意味します。そこから「ふたつのものを統合し、つなげる」という役割を持つ、穏やかな癒《いや》し系の数字です。

数字の「2」を象徴する、お家の場所はズバリ！　「廊下・階段」です。

最近は玄関を入って、すぐに部屋になるという間取りの家も珍しくなくなりましたが、少し前までは玄関に続く廊下、アプローチがあって、部屋に入るという形が一般的でした。まさしく、この玄関と各部屋、部屋同士、1階と2階をつなぐのが、「廊下・階段」の役割であり、それが「2」という数字の特徴でもあるのです。

「廊下・階段」にモノが放置されていたり、不要なモノが出しっ放しになったままでは、各部屋をスムーズに行き来することができません。そこが片づいていないということは、家の中でのエネルギー循環も分断されるということ。「廊下・階段」が片づいていないと、玄関からよい運気が入って来ても、各部屋に行き渡りませんし、各部屋同士のエネルギー循環も滞《とどこお》り、家族がバラバラになって、お互いに孤立してしまう可能性もあるので要注意です。

「廊下・階段」を片づけられない本当の理由

「廊下・階段」は部屋ではありません。部屋と部屋をつなぐのが、「廊下・階段」の役割ですから、家の中で主役になることはありません。脇役であり、陰の存在です。なので、どうしても無視されたり、後回しにされがち。そこに「廊下・階段」が片づけられない本当の理由が隠されています。

部屋と部屋の間を人やモノがスムーズに移動し、家の中での伝達・コミュニケーションを円滑にすることが、「廊下・階段」の役割。そこにモノが置きっ放しになってしまうのは、家族間の争いや不仲、そこに住む人の人生の停滞につながります。そうなってしまうのは、コミュニケーションの欠如《けつじょ》が原因です。

つまり、「言いたいことを言えない」「本音を言わず、我慢する」「自分の気持ちを抑える」「うまく伝えられない」という口惜しい思いが、「廊下・階段」を片づけられないことに隠された本当の理由です。

「廊下・階段」が片づかないのは、コミュニケーション不足のサイン。そこには「私は今、我慢しています」「もっと私の話を聞いて！」という深層心理が隠れています。まさに奥歯にものが挟まったような状態。のどに小骨が刺さって、気持ち悪いままで日々、暮らしているようなものです。

家族で暮らしている場合、「廊下・階段」にモノが出しっ放しで放置されているのは、その家の主婦にストレスやうっぷんが溜まっており、家族に対して言いたいことが言えなくて我慢している、というサインなのです。

子ども部屋の前やそこに続く「廊下・階段」にモノが置きっ放しになっているのは、子どもが家族の中で孤立し、心を閉ざそうとしているサインでもあるので要注意。

ひとり暮らしの場合は、会社でのストレスや上司への不満を溜め込み、家の外でのコミュニケーションが滞ってしまうと、無意識の内に「廊下・階段」が散らかり、家の中でも自らの動きを阻害するようなことになるので、注意しましょう。

「廊下・階段」に隠された才能

「廊下・階段」が片づけられない裏側に隠された才能とは、ズバリ！　コミュニケーション能力です。

相手の気持ちを汲み取って、先回りして、相手のリクエストに応えてあげる。相手の欲しいものをさり気なく提供してあげる気配り力や相手の話をしっかりと聞く力、人と人とを結びつける才能などが隠されていると読み解けます。

まさにこうした「つなぐチカラ」は、数字の「2」が持つ特徴そのもの。

21世紀はまさに「2」の時代。相手の気持ちを汲み取り、人と人とをつなぐコミュニケーション能力が大いに重視される時代に変わったと意識すべきです。

こうした能力に派手さはありませんが、これらはまさに人生の潤滑油《じゅんかつゆ》のようなもの。「廊下・階段」を片づけて、コミュニケーション能力がアップすると、家の中のエネルギー循環が促され、家族の会話が増え、家族間の絆《きずな》が強くなり、ひとりひとりが安心して、個性を伸び伸びと発揮できる環境が整います。

ひとり暮らしの場合は、「廊下・階段」が片づくと、家の中の動線がスムーズになり、家にいることが楽しくなり、それがやがて家の外での活動が活性化することにもつながります。それによって友達も増え、会社の人間関係が改善し、他人とのコミュニケーションがより楽しくなることでしょう。

また「廊下・階段」は、身体の中で言うと血管や消化器官に当たります。便秘がちな人はそこを片づけることで、お通じも快適になるハズなので、心がけてみて。

「廊下・階段」を整える時のポイント

まず、モノを置かないというのが大前提。

「廊下・階段」は、家の中で運気を運ぶパイプ役であり、コミュニケーションを円滑《えんかつ》に司る血管のようなもの。そこが詰まってしまうと、折角よい運気が玄関から入って来ても各部屋にスムーズに行き渡りませんし、滞ったエネルギーを家の外に排出することもできなくなります。そうしたエネルギーの流れを阻害するようなモノは置かないこと。これが「廊下・階段」を整える時のシンプルなポイントです。

「廊下・階段」は長時間、過ごす場所ではないため、照明が切れていたりしても、気づかなかったり、後回しにされがち。しかし、ここを薄暗いまま放置してしまうと、エネルギーが澱み、不浄なものが溜まりやすくなるので、要注意。いわゆるお化けや幽霊という類いの存在は、大抵薄暗い「廊下・階段」に巣食うもの。なので電球が切れていたら、すぐに交換し、常に明るい状態を保つことが必須です。

また見過ごされがちですが、階段の手すりや廊下の壁などの汚れや破損も、そのまま放置しないこと。それはコミュニケーション不足につながる黄色信号。めったに汚れたり、破損することはない場所だからこそ、細心の注意が必要になります。

ここは、ホコリが溜まりやすい場所でもあるので、毎日の掃除は欠かさず、時々は水拭きをして、ピカピカの状態を保つように心がけておくと、運気の流れがよくなり、家族間のコミュニケーション不足や対人関係の不安も解消されることでしょう。

廊下・階段の運気を上げる

魔法の言葉《じゅもん》

「つながる。つながる。
つながることから、すべてが始まる」

（「廊下・階段」を掃除したり、片づけたりする時に、唱えると効果的です）

Q&A

Q1 階段に古新聞、古雑誌を積み上げており、乱れた本棚化しています。昇り降りするのも危ないくらいです……。

A1 古新聞や古雑誌などの資源ゴミは、ゴミ出しのタイミングが決まっているので、どうしても溜まってしまいがち。一時的な仮置きとしては仕方ない場合もあるでしょうが、それを放置していると、家族間のコミュニケーションが分断され、家族が孤立化したり、引き籠りがちになるので要注意です。ポイントは新聞、雑誌が本当に必要なモノなのかを見極め、ゴミになるモノを極力、買わないこと。長年、続けてきた惰性の習慣や付録につられて新聞、雑誌を購入している方も多いでしょうが、まずは、「気軽に買わない、家に持ち込まない、放置しない」を心がけてみてはいかがでしょうか？

Q2 廊下に使わなくなった健康器具を置き、洗濯物をかけたりしてしまっています。

A2 使わなくなった健康器具など、頭ではガラクタだとわかっているのに、なかなか捨てられないのは、まさに「過去の思いにカタをつけられていない」から。「買ってしまった自分」や「使いこなせなかった自分」を責めたり、裁いたりして、自らに精神的な罰を与えているのです。その罪の意識を少しでも軽くするため、本来とは違った使い方をして、罪滅ぼしをしようとしているだけ。本来とは違う使い方をしている健康器具は基本、「全捨て」です。粗大ゴミとして出すか、自ら市町村のゴミ処理施設に持ち込むか。痛み覚悟で片づけないと、あなたが心身共に健康を取り戻すことは難しいでしょう。

3

子ども部屋&ホビールーム

本当に必要なのは、「大人部屋」?

「子ども部屋」を象徴する「数字」とその意味・役割

「3」は卵が割れた形を基にしています。「1」は男性性の強い父親を表し、「2」は女性性の象徴である母親を表しますが、そのふたつの数字を足し合わせた「3」は、卵から孵《かえ》ったヒナであり、「子ども」を象徴します。「1」「2」の次に来る「3」は、子どもの特徴である、「創造性、躍動感、リズム感、笑い、遊び、エンターテイメント」などの意味を持ちます。「三日坊主」「石の上にも三年」「三つ子の魂百まで」など、ひと塊になった時間の単位を表す数字としても多用されています。

数字の「3」を象徴する、お家の場所はズバリ！「子ども部屋」です。

住宅を購入する大きなキッカケになるのが、子どもの存在。子どもが生まれた時、あるいは子どもが大きくなって来たタイミングで、多くの人が住宅の購入や引越しを考えます。その場合、当然、親は子どもに部屋を与えることを前提に、新しい家の間取りを考えることになるのですが、ここに大きな落とし穴が待ち受けています。

「3」は、明るく元気な子どもを象徴する数字。子どもは家の中を元気に走り回ったり、おもちゃを思い切り広げて、遊ぶのが仕事です。そうした子どもの特性を考えると、子ども部屋は片づいていない状態の方がノーマルだと言えるでしょう。

しかし、子ども部屋を与えると、親はどうしても子どもに、自分の部屋を片づけさせようとします。その親の無理な躾《しつけ》が、「片づけられない子ども」をつくることになる場合もあるので要注意。まずは、子どもにとって子ども部屋が本当に必要な時期かどうかを、親自身が真剣に考える必要があるでしょう。

「子ども部屋」を片づけられない本当の理由

子ども部屋を片づけるのは、誰でしょう。子どもの年齢にもよりますが、中学を卒業するくらいまでは、母親が片づけることになるのが一般的ではないでしょうか？ だとすれば、それまでは子ども部屋は不要なのです。自分で自分の部屋が片づけられない内は、プライベートの空間は必要ありません。「片づける」とは、「カタをつける」「決着をつける」ということです。自分で自分の過去の思いに「カタをつけられるようになる」ことは、まさに大人になるということ。はっきり言って、今を生きている子どもに、カタをつけなければならない過去の思いはありません。

早い段階で、子ども部屋を与えてしまうのは、子どもに対する過剰な期待の現れです。子どもに個室を与えるということは、大人扱いしているということ。ですから、

「子ども部屋」という言葉自体が、矛盾を含んでいるのです。

もし本気で子どもを大人扱いするのなら、子ども部屋の中がどんな状態になっていたとしても、決して手を出さないというぐらいの覚悟が親の方に必要になってきます。

子ども部屋が片づいていないことを子どものセイにしてはいけません。子どもの特徴は、無限の可能性と自由な創造力。子ども部屋は、子どもの創造力を発揮するためのスペースなのですから、子どもに個室を与えて大人扱いをしておきながら、部屋の片づけは母親が代わりにやって、さらに「ちゃんと片づけなさい」と文句を言う。これでは子どもの方もどう対応していいのか、混乱してしまうのも無理はありません。

そうした親の矛盾した行為が、面倒な片づけは親が代わりにやってくれるという未成熟な「子どものような大人」を育ててしまうことになるので要注意です。

「子ども部屋」に隠された才能

子ども部屋に隠された才能とは、子どもの才能なのか、それとも親の方の才能なのか、まずはそこをはっきりさせることが重要です。

はっきり言って、子どもの才能を伸ばしたいのなら、あまり早い段階で子ども部屋を与える必要はありません。子どもが小さい内に個室を与えてしまうと、家庭内で孤立するだけで、プラスよりもマイナスの方が大きくなる可能性は否めません。

事実、東大に合格するような優秀な子どもの多くは自分の部屋よりも、リビングで勉強していたということ。これは心理学的に見ても正しいようで、やはり子どもは親の近くに居た方が安心感が得られるもの。小学校を卒業するくらいまでは、あえて子ども部屋は設けず、家に居る時は常に親と同じ空間に居て、親子が川の字になって眠る環境の方が、子どもにとっても望ましいと言えます。

親は子どものためを思って、早い段階で子ども部屋を与えてやろうとするのですが、実はその深層心理には、親自身の癒されていない子ども心、いわゆる「インナーチャイルド」が隠れています。子どもに過剰な期待を寄せたり、過保護のように世話を焼いたり、甘やかしてしまうのは、本当は親自身が、自分の親から「そんな風に扱って欲しかった」という潜在意識の現れなのです。

ですから、幼い子どもに子ども部屋を与えるより、親が自分のための「大人部屋」「ホビールーム」として活用した方が、親子ともハッピーになれるかもしれません。

自分のための「大人部屋」「ホビールーム」でするのは、童心に返ること。子どもの頃、やりたくてもできなかったことです。思い切りゲームに興じるのもいいでしょうし、好きな漫画を集めて読みふけったり、絵を描いたり、音楽を楽しんだり、何かをコレクションするのもいいでしょう。親が自らの創造力や眠っていた可能性を刺激するための部屋ですから、自分なりの心地よさを優先する方が大事で、あまり片づけを気にする必要はありません。

そういう自分だけの遊びのスペースを持つことによって、あなたの中にある、「癒されていない子ども心（インナーチャイルド）」が癒されます。それによって、子どもも時代に封印されてしまった、親であるあなたの中に眠っていた隠れた才能、新たなモノを生み出す創造力や斬新《ざんしん》なアイディアにつながる自由な発想など、クリエイティブな才能が開花し、それが仕事の成果や家族への愛情へとつながっていくのです。

「子ども部屋」を整える時のポイント

子ども部屋を与えた場合、整える時のポイントは、子どもと一緒に片づけること。親が片づけたいと思っても、勝手に手出しをするのではなく、あくまで子どもが自分で片づけることをサポートするという姿勢を崩《くず》さないことが大切なポイントです。

子どもは常に今を生きていますから、寝て起きたら、寝る前の状態が続いていると思っています。学校に行く前と帰って来た時の状態がつながっているのです。それが自分の知らない間に片づいていると混乱してしまいます。

子ども部屋を片づけるより、親はそれ以外の部屋、特に玄関やリビング、水回りなどのパブリックスペースの片づけにエネルギーを注ぐこと。家の中の片づいた状態と自分の部屋の状態とを子ども自身が見比べて、自分で判断させることが大切です。

子ども部屋で子どもが寝ている場合は、子どもの寝具を清潔な状態に整えることを意識するぐらいで、親としては十分です。それ以外の子ども部屋の中の状態は、子どもの自主性に任せて、できるだけ手を出さず、黙って見守る姿勢を貫くことが、長い目で見れば、親のためにも、子どものためにもなると言えるでしょう。

また兄弟姉妹が居る場合は、子ども同士はできるだけ同じ部屋で休ませること。早くから個室を与えて、子どもをひとりで眠らせると、心が安定せず、コミュニケーション能力が劣り、引き籠りやすくなったりするので要注意です。

子ども部屋の運気を上げる

魔法の言葉《じゅもん》

「子どもを信じるのではなく、
子どもを信じた自分を信じる！」

Q&A

Q1 収集癖のある夫。趣味のコレクションアイテムが増え続け、足の踏み場もないほどに。一体、どうしたら？

A1 男性には収集癖があり、さらに視覚重視の傾向があるため、集めたモノを目に見える形で並べておきたがります。そのため部屋の中が片づかないと嘆く女性の声は、よく耳にします。しかし、無理に片づけようとしてはいけません。勝手に片づけようとすると、それが原因で離婚や別れに至ることも。収集癖のある男性にとって、そのホビースペースはかけがえのない空間。その部屋からモノがはみ出さない限り、黙認してあげましょう。もちろん、部屋の掃除や整理も手出しせず、完全自己責任で。そのルールを明確にして、あとは大人の対応を心がけ、温かく見守ってあげましょう。

Q2 息子の部屋がかなり散らかっています。「絶対に部屋に入らないで」と言われて掃除もできず、困っています。

A2 思春期の息子さんをお持ちのお母さんとしては、心配だと思いますが、ここはグッと我慢。無理やり部屋に入って片づけようとすると、大きな反発を買うことになるでしょう。個室を与えるということは相手を尊重し、プライバシーを守り、ひとりの人間として対等に扱うということ。ここが親離れ、子離れの大事なプロセス。子どもの空間は自分で責任を持って片づけさせましょう。親としては、子ども部屋以外のスペースを片づけることを優先し、家の中を常にきれいに整えておくこと。その状態が当たり前になれば、子どもも自分の部屋を自分で片づけざるを得なくなりますから……。

Q3 子どもが服やおもちゃを散らかしっ放しに……。片づけるよう言ってもなかなか習慣になりません。

A3 幼い子どもは、遊ぶことが仕事。「遊ぶこと＝散らかすこと」です。ですから、小さな子どもに「ちゃんと片づけなさい！」と言っても無駄なこと。子どもは親のマネをして育つもの。子どもに片づける習慣を身につけさせるためには、まず親自身が片づける習慣を身につけていないと、どうしようもありません。その上で、子どもにとって片づけることも、遊びのひとつになるよう、工夫してみましょう。運動会の玉入れ競技のあとに、片づけ競争をする場合がありますが、まさにあの原理。片づける時は、指定の場所に収納するまでのタイムを計ったりして、遊び感覚を取り入れてみましょう。

Q4 趣味で集めた小物類を整理するため、いろいろと収納グッズを買いましたが、使いこなせず散らかったままです。

A4 百均ショップなどに行くと、さまざまな収納グッズが売られており、つい「安い・便利・かわいい」からと衝動買いしたくなるのはわかります。しかし収納するために買ったグッズが実際には使いこなせず、「片づけの邪魔者」になっているケースは珍しくありません。はっきり言って、収納グッズの衝動買いはNG。何のために使うのか、用途がはっきりしていない収納グッズはゴミになるだけ。収納グッズを購入しようとする前に、そもそもそれは、保管しておく価値のあるモノなのかを見極めることが先決。それをはっきりさせた上で、購入する場合は、ちゃんとサイズを測ってからにしましょう。

4

和室

四隅が見えていることが
和室の基本。

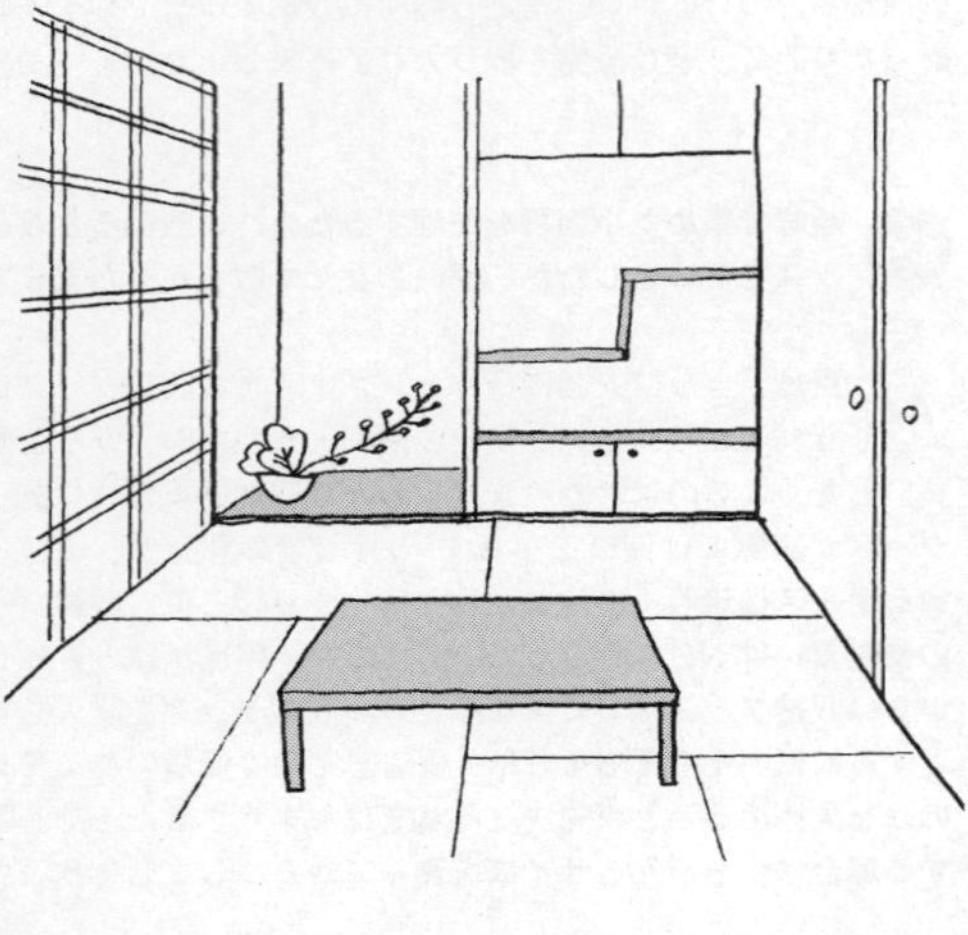

「和室」を象徴する「数字」とその意味・役割

「4」は四角を意味する固い数字。東西南北、春夏秋冬、起承転結など、物事が安定した状態で、確立されている様子を表します。「4」は「死」に通じるため、日本では忌《い》み嫌われる傾向がありますが、四輪、四隅、四方など、最も安定した形の象徴であり、そこから「基礎固め、土台づくり、安定・継続、信頼・誠実」などを意味する、現実社会を生きていくためには欠かせない大事な数字です。

数字の「4」を象徴する、お家の場所はズバリ！　「和室」です。

昔の日本家屋は基本的にすべて和室だったワケで、それだけ「安定・継続」というエネルギーが強く宿っていたと言えるでしょう。しかし一方で、日本家屋の和室は、非常にフレキシブルな構造で、障子やふすま、衝立《ついたて》というファジーなもので仕切られていて、プライベートとパブリックの境界線があいまい。さらに布団を敷けば寝室に、ちゃぶ台を出せば居間や茶の間に、お客さんが来れば客間へと、なんにでも変化する柔軟性も持ち合わせていました。こうした安定感と柔軟性という相反する要素を併せ持っているのが、日本ならではの和室の最大特徴だと言えるでしょう。

「4」は「安定・継続」の数字です。最近の集合住宅では和室がない間取りも珍しくありませんが、日本人にとって和室は、その家の土台や基礎を象徴する大事な場所。和室がちゃんと片づいていないと、家の中が不安定になり、落ち着いて過ごせなくなったり、家族の絆が揺らいだり、家系が途切れたりするので、注意が必要です。

「和室」を片づけられない本当の理由

和室が片づけられないのは、ズバリ！　和室の用途がはっきりしていないから。昔からの、「なんにでも変化する和室」という日本の伝統的な考え方と、欧米スタイルの目的が明確になった部屋の使い方との間で、和室の意味や用途が宙ぶらりんの状態になっていることが、和室が片づかない理由です。

つまり現在の日本の住宅事情の中で和室は、中途半端な「なんでも部屋」になってしまっているということ。和室がこうした中途半端な位置づけのままでは、片づけようがない……。まさに「カタがつかない」のも無理はありません。

和室を片づけようと思うのなら、まず家の中で和室の用途を決めること。それが決まらない状態で、いくら片づけようとしても、本当の意味で片づくことはありません。

和室本来の用途を考えると、そこで眠るのが日本人としては一番、ピッタリくるハズ。日本人なら、誰もが自然に「畳の上で死にたい」と思うのではないでしょうか？　それが家の中の土台・基礎を表す「4」という数字に象徴される、和室本来の用途であり、「4」＝「死」に通じるのもうなずけます。

家の中では、その家の主がどこで眠るのかが、最も大事な要素です。それによってその家全体の波動が決まり、主の人生の運気が左右されることになるのです。

和室を一家の主が眠る場所、寝間、寝室とするのなら、当然、それなりの片づけ方があります。和室は四隅がちゃんと見えていることが理想的。四隅が隠れてしまうようなモノは、和室には置かないということが、和室の片づけの基本です。

「和室」に隠された才能

和室はやはり、日本人としての生き方、伝統や文化といった目に見えないものを象徴します。今どき、長男に家を継がせて、家系を守っていくことが必ずしもよいとは言えませんが、和室が本来の和室として機能していないと、日本人としてのＤＮＡが途切れてしまうため、後継ぎに恵まれず、家が栄えなくなる可能性が大です。

日本人として生きていく限り、やはり最低でも、家の中でひと部屋は畳の部屋を残しておくことが望ましい。その家の主が和室で寝起きすることで、日本人としての自覚と誇りが生まれます。それが家族や周りにも伝播《でんぱ》し、海外に出て行っても、自信を持って活躍できるようになるハズです。

「4」を象徴する和室には、「最後まであきらめない気持ち」「地道にコツコツと継続していく力」「ウソや隠し事のない誠実な生き方」などの才能が隠されています。

これらは昔から、日本人の特性として挙げられてきたものばかり。こうした素晴らしい才能を活かすも殺すも、和室の片づけ方にかかっていると言えるのです。

家の中で、暮らしの基礎・土台を作り、グランディング（＝地に足をつけること）して、現実的に生きていく力を養うための場所が、和室です。和室で寝起きすることで、あるいは一日に一回、和室に大の字になって寝転がることで、こうした力が養われ、日本人なら誰もが持っている才能が、呼び覚まされてくるのです。

和室にカーペットやじゅうたんを敷いたりして、洋室として使っている方も多いでしょうが、これは和室本来の機能を損なうため、基本的にNGです。

和室に通気性のよいイグサでできた畳が使われているのは、床を通して供給される大地のエネルギーを、和室全体に行き渡らせるためだと私は考えます。これもグランディングの一環です。もちろん現代の集合住宅の場合、そういうワケにはいきませんが、それでも自然素材の畳の上で過ごす時間を持つことで、同じ効果が期待できるので、おススメです。

「和室」を整える時のポイント

和室にモノを置くことは基本的にNGなのですが、タンスなどの収納家具を置くのは、アリです。その場合でも、必ず家具の扉は閉めておくこと。和室に押入れがある場合も、押入れの扉は必ず閉めておきましょう。特に眠る際、押入れの扉が開けっ放しになっているのは絶対、避けたいところ。同様に、むき出しの状態の衣類や使っていないガラクタが見えている状態もNG。もちろん、畳やふすま、障子の破れや汚れを放置しておくのも、いただけません。

こうした和室の乱れを放置したまま眠っていると、私たちの意識にそうした雑多なもののエネルギーが、ノイズとして入り込み、我慢がきかなくなったり、あきらめが早くなったり、集中力が途切れたり、不正直な生き方に陥ってしまう可能性が高まるので、要注意です。

和室は毎日、掃き掃除をするのはもちろん、畳の拭き掃除も必要で、ふすまや障子のメンテナンスも必要です。そう考えると、和室をきれいな状態で維持するのは、なかなか大変。ですから、完璧を目指そうとせず、寝室として利用するのなら、「タンスなどの収納家具以外のモノは置かない」。「布団の上げ下ろしは必須で、敷きっ放しには絶対しない」。「毎日、掃除機をかける」という、3点だけは守りましょう。

もちろん、割り切って和室を物置や納戸代わりに使うのもアリですが、その場合は和室があるという意識は捨て去ることが肝心です。

和室の運気を上げる

魔法の言葉《じゅもん》

「日本に生まれてよかった。
今日も一日、ありがとうございます」
（和室を寝室に使っている場合、眠る前に布団の上で、もしくは畳の上に大の字になって、天井に向かって唱えましょう）

Q&A

Q1 いただきものの人形などが床の間に置きっ放し。捨てるのも申し訳ない気がして、放置しているのですが……。

A1 他人からの贈り物の扱いは、誰しも迷うところ。実用的なモノならまだしも、人形や置物などのインテリアに関しては、趣味の問題もあり、置き場に困ることも。こうした贈り物の扱い方は基本、無理して飾らず処分でOK。「もったいない」「申し訳ない」という思いもあるでしょうが、そうした思いが出てくること自体、気に入ったものではない、必要ないという証拠。特に床の間は神聖な場所なので、そこに他人からの贈り物を飾るのは、基本的にNG。他人の思いが宿ったものを家の中に飾ると、他人の思いがその家に入り込み、変なしがらみを作ることになるだけなので、要注意です。

Q2 クローゼットに入りきらない服をハンガーラックにかけており、和室として全く機能していません。

A2 和室本来の機能を考えると、畳の四隅がきれいに見えていることが望ましいのですが、現代の生活スタイルを考えると、現実的には……。その場合、まず和室の使用目的を明確にすること。住宅事情を考慮して、和室を収納部屋として転用するというのも、もちろんアリです。ただし、その場合は割り切って、洋室として使うこと。和室の機能を残しつつ、収納部屋としても使うという、中途半端な形が一番いけません。クローゼットとして使うのなら、効率的な収納方法を考えて、機能的にレイアウトした方が物理的にも片づき、他の部屋にもいい影響を与えることになるハズです。

5

リビング（応接・客間）

家の中心に居るのは一体、誰？

「リビング」を象徴する「数字」とその意味・役割

「5」は、五体、五感、五臓、五本の指に象徴されるように、「人間そのもの」を表す数字です。「5」を象徴する図形である五芒星《ごぼうせい》☆は、まさに人をかたどったもの。戦隊ヒーローものが五人で構成されているのも、個々が五体を表し、5人が集まると人の形が完成するということから。それゆえ「5」は、人間の特徴である「自由、変化、つながり、コミュニケーション」などの意味を持ちます。

数字の「5」を象徴する、お家の場所はズバリ！　「リビング」です。

ただし、日本の伝統的な生活スタイルと欧米のそれとは違うので、リビングに対するとらえ方も微妙に変わってきます。日本的リビングとは、いわゆる茶の間のこと。家族が集まるプライベート空間です。欧米でもリビングは同じ位置づけですが、欧米の場合、家族のためのリビングルームとお客様を迎えるためのゲストルームは分けて考えられています。ここが日本との大きな違い。日本の場合は、家族団らんのプライベートな場所とお客様をお迎えするためのパブリックな場所との区別があいまいなため、片づけにくいというデメリットが生まれがち。不意のお客様が来られた時に、リビングを大慌てで片づけるといった経験を持つ人も少なくないでしょう。

「5」は人と人とのつながりやコミュニケーションを象徴する数字。人が自然と集まる場、それが「5」という数字が象徴する、リビングの本来の役割なのです。

まずはリビングの主役は誰か、誰のための場所なのかを明確にすることから、リビングの片づけが始まるということを覚えておきましょう。

「リビング」を片づけられない本当の理由

リビングは家族が家の中で、最も長い時間を過ごす場所。最近はリビングとダイニングが一体化しているリビング・ダイニングの間取りがポピュラーなので、家族がそこでご飯を食べて、一緒に寛《くつろ》ぐためのスペースとなっているのが、一般的でしょう。

子どもが小さい内は、そこが遊び場兼、勉強部屋になっているでしょうし、家族が多ければ多いほど、家族それぞれのモノがリビングに持ち込まれて、一向に片づかないということになりがち。まさにリビングは「片づけの難所」だと言えます。

しかし、その家のリビングの主役は誰なのかを明確にすれば、自ずと答えが出て来ます。これについて絶対的な正解はありませんが、もし専業主婦が家を切り盛りしているのなら、リビングで一番長い時間を過ごしているのは間違いなく本人なので、その本人が自分のテリトリーとして責任を持って片づけるのが自然でしょう。

その場合、リビングが片づかないのは、その家の主婦の自信のなさが主な原因です。片づけに正解などないのですから、その家の主婦が自らの独断と偏見《へんけん》で、心地よく過ごせるように工夫すればいいのです。家族に対して、自分の持ち物をリビングに持ち込まないというルールさえ徹底させれば、物理的に片づけることは難しくないハズ。

にもかかわらず、リビングが片づかないのは、専業主婦の場合、働いていないことに対する罪悪感や無価値観が……、働いている主婦の場合は、家事が手抜きになってしまっている後ろめたさが、リビングの乱れとなって現れる傾向があります。

そしてリビングが片づかないことを子どもや夫のせいにして、自分は被害者の立場に逃げ込み、責任逃れをしようとするので要注意です。

「リビング」に隠された才能

数字の「5」に象徴される「リビング」に隠された才能は、複数の人々をつないでいくコミュニケーション能力、さらに変化に対応する柔軟性です。リビングは家の中心的存在であり、そこに人が集まるかどうか、そこが居心地のよい空間であるかどうかが、その家の運気を左右する重要なポイントに他なりません。

家事という仕事は、さまざまな能力が高度に要求される、立派なお仕事です。ある時はシェフとなり、ある時は経理を担当し、またある時はハウスキーパーやインテリアコーディネイターとなるなど、ひとりで何役もこなせる柔軟な対応力が要求されます。そうしたさまざまな才能が集約される場所が、まさにリビングなのです。

また家の中心となるリビングを片づけることによって、その家の中の中心的な存在である主婦の、コミュニケーション能力や柔軟な対応能力が活性化し、今まで潜在的に持っていた、家族それぞれの個性も大きく花開くことになります。リビングで勉強した方が、子どもの成績が上がるというのも、その効果のひとつでしょう。

さらに自分が自信を持って片づけて、コーディネイトしたリビングであれば、当然、お客様を招きたくもなるハズ。そうやって、リビングを自分なりに片づけて、好みのインテリアで飾ることによって、その家の主のコミュニケーション能力がアップし、その家全体の運気もスムーズに循環していくことになるのです。

リビングは家の中の中心なので、そこを誰が片づけるのかが、その家の主導権を誰が持つのかにつながります。それが主婦の場合であれば、まずは自信を持って、「リビングはこうしたい……、こうする！」と宣言すること。それによって主婦である女性が潜在的に持っている才能が開花します。もちろん、共働きの場合であれば、リビングの片づけを夫が担当することによって、家の中での夫の地位が上がり、家事に積極的になり、家が自分の城らしくもなるので、おススメです。

いずれにしてもリビングを制する者が、そのお家を制するのです。それがリビングに隠された一番の才能だと言えるでしょう。

「リビング」を整える時のポイント

リビングを整える時のポイントは、他人の目を必要以上に気にしないこと。

リビングの片づけに責任を持つ主婦が、自分の好みで片づければいいのです。リビングは「隠す片づけ」ではなく、「見せる片づけ」です。その家の主婦が片づいていると思えば、それでＯＫ。何よりも、自分にとってそこが寛げる、お気に入りの空間になっているかどうかが、リビングを整える際の大事なポイントです。

残念ながら、夫のため、子どものため、舅《しゅうと》、姑《しゅうとめ》のため、お客さんのためを考えて片づけようとすると、いつまで経っても、どんなにがんばっても、片づくことはありません。それは自分の気持ちを抑えて、形だけで片づけようとしているから。しかし、それでは本当の意味で、自分の気持ちに「カタがつく」ことはありません。

家族がそれぞれの持ち物をリビングに持ち込んだり、置きっ放しにすることもあるでしょうが、それらはどこか一カ所にまとめておいて、何日か保管した後、引き取り手が出て来なかったモノは処分するというルールを決めておきましょう。そして、そのルールを本気で実行するのです。一度、実行すれば、家族にも本気度が伝わるので、本当に大事なものなら、必ず自分の部屋に持ち帰るなど、対応が変わって来るハズ。

リビングは誰のためのものでしょう。夫？　子ども？　もちろんテレビが主役の場所でもないハズです。リビングの主役はあくまで、その家の主婦でしょう。だとすれば、好みの音楽をかけたり、キャンドルを灯したり、アロマを焚《た》くなどして、思い切って自分好みにカスタマイズすること。あなたはあなたらしく、その家のリビングを好きなように整えていけばいいのです。

リビングの運気を上げる
魔法の言葉《じゅもん》

「大丈夫。すべてはうまくいっている」

（自分の決断に対する後押しと家族全体のコミュニケーション力を上げ、家族に対する信頼を表すための言葉として、リビングを掃除しながら、毎日唱えてみましょう）

Q&A

Q1 テレビボードの収納に DVD が入りきらず、床に積み上げたまま。どうすればいいのか、困っています。

A1 こういう状態になってしまうのは、「とりあえず、録画しておく」という癖があるため。そうやって、とりあえず録画した DVD は実際に、どれぐらい見ているのでしょうか？　また「録画したものを見なくてはいけない」と心のどこかで思っているとしたら、それは本当に必要なこと？　もし、それが心の重荷になっているとしたら……。テレビを見るのは、あくまで娯楽。決して「ねばならない」で見るものではありません。まずは、その気持ちから、「カタをつける」ことが大切です。探してでも見たいものなら、ちゃんとお金を出してレンタルするなり、購入するなりして、見ればいいのです。

Q2 リモコン類、ティッシュの箱、充電コードなど、定位置が決まらず、いつも探すのに時間がかかってしまいます。

A2 リビングは家族が集まるパブリックスペース。家の中でも公共の場ですから、当然、家族皆が快適に過ごすためのルールが必要です。リビングに必要なモノの定位置が決まらないのは、家族全員で定位置を決めていないから。これは子どももちゃんと参加して、家族全員で話し合い、全員の合意を得てルール化することが必須です。子どもが小さい内は、それらの定位置に張り紙をして示すとか、ふせんなどを使って、はっきりわかるように指定すること。そうやって、リビングにおけるモノの位置を確定させ、そこに戻すことを家族全員が共有する習慣にしてしまいましょう。

Q3 テーブルの上に新聞や読みかけの本、裁縫道具、郵便物などが散乱し、ただの物置になってしまっています。

A3 リビングテーブルの上が物置と化してしまうのも、よくある光景。これもモノの定位置が決まっていないからですが、こちらは位置よりも、時間を重視したルール化を。たとえば、「24時間以上、テーブル上に放置してあるものは処分する」というような放置期限を決めてしまえば、置きっ放しのモノは迷うことなく、捨てられます。あとは家族それぞれが、自分のものはそれぞれに自分で管理するよう徹底しましょう。またテーブル上にモノを置く場合でも、テーブルの角に合わせて、モノをきれいに置くよう心がけると、見た目がスッキリし、乱雑な印象が緩和されるので、おススメです。

Q4 ソファが乾いた洗濯物置き場になっています。これではいけないと思いつつも、癖がなおりません。

A4 洗濯物を取り込んだ後、リビングのソファに置きっ放しになっている光景は珍しくありません。ここに仮置きすること自体、間違いではありませんが、そのまま放置されていると、リビングで寛ぐことができず、家の中の散らかっている感が増幅されてしまうので問題です。おススメは汚れ物を入れておく洗濯カゴとは別に、もうひとつ洗濯済みの衣類を入れておくカゴを用意しておくこと。洗濯物を取り込んだら、とりあえず、「仮置き場」である、そのカゴの中に入れておくよう習慣づけましょう。時間ができた時点で、その中から洗濯物を取り出し、畳んで収納すればいいのです。

6

キッチン

本当の「愛」とは、切り離すこと？

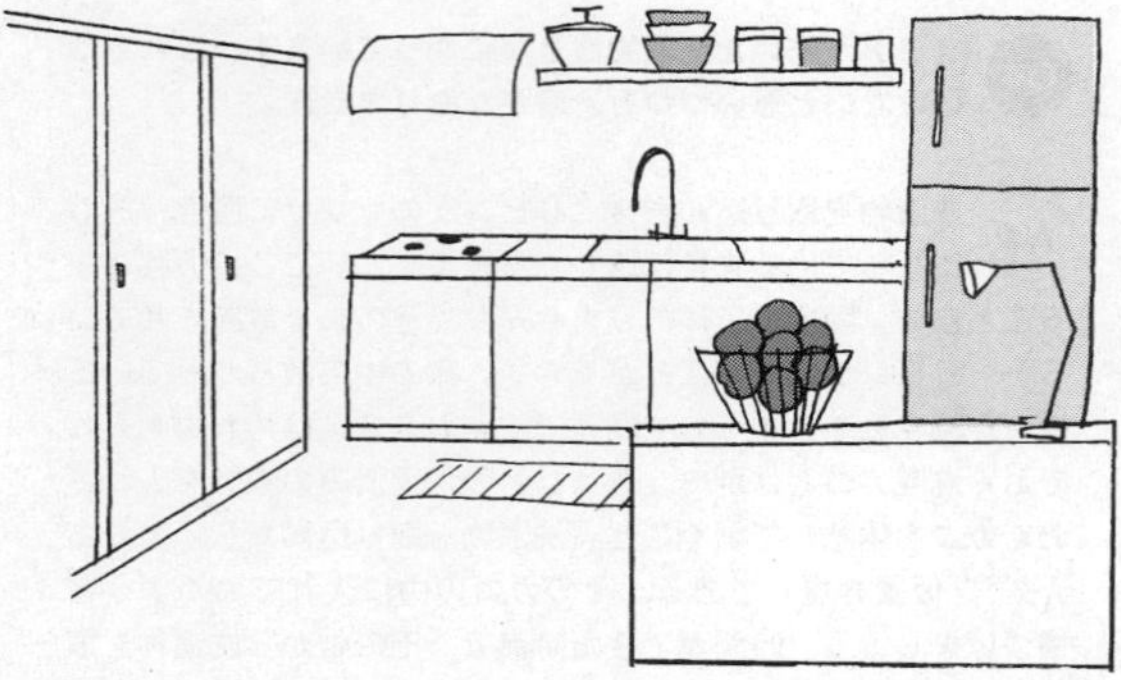

「キッチン」を象徴する「数字」とその意味・役割

「6」は、お腹の中に赤ちゃんを抱えて守る妊婦の形をしています。そこから「母性、愛情、美しさ、正義感」などの意味が汲みとれます。また「6」は「母子」を中心とした「家族」を象徴する数字でもあります。「6」を象徴する図形である六芒星《ろくぼうせい》✡は、ふたつの三角が上下に交わった形であり、そこから「創造と破壊」を意味し、新たなものを生み出す力を秘めている、強さと優しさを併せ持つ数字です。

数字の「6」を象徴する、お家の場所はズバリ！「キッチン」です。

従来の男性上位の社会構造の中では、家の主はあくまで男性でした。もちろん今では、家の主役は圧倒的に女性になっていますが、昔の男性上位の時代であっても、キッチン、台所だけは女性の領域でした。子どもを産み、育てていくことができる母性を表す「6」という数字が、キッチンを象徴しているのは、そのためです。

食べるという行為は、まさに命をつなぐ大事な行為。家族の食べ物を生み出すための場所である、キッチンを預かる一家の主婦の役割は重要です。

私たちの身体は間違いなく、食べたもので出来ています。そしてその食べ物とは本来、命のあるもの。食べるということは、命の移し替え作業に他なりません。食べることによって、そうした命をつなぐ準備をするための場所が、台所、キッチンです。そこには食材の命に対する敬意と、家族への深い愛がなければなりません。それが「6」という数字が伝えてくれているメッセージでもあるのです。

「キッチン」を片づけられない本当の理由

キッチンが片づかない大きな原因は、「もったいない」という思い。これは母性が強く出過ぎることが原因です。スーパーのレジ袋、コンビニでもらって来た割り箸やスプーン、賞味期限切れの食材。使いかけの調味料や古くなった調理器具、もらいものの食器など。なんでもかんでも「もったいない」という思いで、置いておこうとすると、たちまちキッチンは大変なことになってしまうので要注意です。

食材を無駄なく、すべて使い切ることと、使えないモノや要らなくなったモノまで溜め込むことは、「似て非なるもの」です。その違いを生み出しているのは、ネガティブな守りの意識。これこそ、過剰な母性の現れだと言っても過言ではありません。

その昔、台所は「女の城」と呼ばれました。「男子、厨房に入るべからず」という言葉もある通り、キッチンは家の中で女性が主導権を握れる唯一の場所だったのです。

そのため自分のテリトリーを守りたい、守らなければという防衛本能が過剰に働き、なんでもかんでも溜め込んでしまうという傾向が出やすくなるので要注意です。

これは特に専業主婦に出やすい傾向で、「家の中で自分の存在価値を証明したい」という意識がより強く働くため。それが高じると、自分の料理の才能にも自信が持てなくなり、無価値観が強くなり、キッチンに他人が入ることを拒《こば》むようになります。その結果、いろんなモノを溜め込んで収拾がつかない状態に陥り、いつまで経っても、片づかないことになるのです。

「キッチン」に隠された才能

「6」という数字に象徴される通り、キッチンは、母性を象徴する場所。そこに隠された才能は、優しさや奉仕の精神、見返りを求めない「無償の愛」の実践です。

実際、毎日の食事の支度は大変です。買い物から食事の支度、後片づけに至るまで。結婚してずっと専業主婦をしている人は、亡くなるまで何十年と、パートナーや子ども、家族のためにキッチンに立ち、食事の支度をし続けることになるワケで、それを無給で続けることは、まさに「無償の愛」の実践だと言えるでしょう。

結婚当初や子どもが生まれてしばらくの間、「愛するパートナーに美味しいものを食べさせたい」「我が子をちゃんと育てたい」という一心で、一生懸命、美味しい食事を作ろうとするのは、自分のできることはなんでもやってあげたいという母性の現れです。しかし、こうした「無償の愛」による行為も、義務感が強くなり、「ねばならない」でやってしまうと、違うものになってしまいます。そうなると、「こんなにやってあげているのにィ」という不満が生まれ、折角の行為が家族への愛の押しつけやおせっかい、支配やコントロールになってしまうので要注意です。

独身やひとり暮らしの場合、キッチンに隠されているのは、もっと直接的に健康管理や体調維持に関する才能であり、その健康な自分の肉体を使って、周りの人の役に立ちたいという奉仕の精神や才能が隠されていると読み解けます。

キッチンでは食事の準備だけでなく、後片づけも重要です。誰が食事の後片づけをするかで、その家のまとめ役が決まります。キッチンは、家族の命を預かる大事な場所。そこを片づけるということは、家族を守り、健全な成長を促し、正しい未来へと導くという重要なお役目と才能が隠されていると知ることです。

「キッチン」を整える時のポイント

キッチンは命を扱う神聖な場所。そこが片づけられないと、キッチンに立つ主婦はもちろん、家族全員の命や健康状態を大きく左右することになるので要注意です。

キッチンが片づかないのは、すべてを自分ひとりで抱え込もうとする強い責任感や自己犠牲の現れです。ですから、家族や友人など、第三者の力を借りられるかどうかがポイント。思い切って第三者にキッチンに入ってもらい、その力を借りながら、現状を客観的に分析・判断してもらい、不要なモノはさっさと処分し、便利な収納グッズや百均グッズなどを積極的に活用すれば、見違えるほど片づくハズです。

またキッチンは、火や水を使い、土のエネルギーが変化した食材を扱うため、火、水、土の神が揃って集まるエネルギーの高い場所でもあります。

家族の食事を司る場所ですから、家族の命や健康に直結します。家の中でのキッチンは、家族の胃袋、消化器系に相当します。それだけに、台所を汚いまま放置していたり、流しに汚れものを残したまま、ひと晩置いたままにしたりすると、その家の家族は病気がちになり、下痢や便秘など胃腸のトラブルを招きやすく、家族全体の健康を害することにもつながるので注意が必要です。

レンジ周りの掃除など、直接、火を使う場所の片づけがキチンとできていないと、生活費がどんぶり勘定になってしまって、家計が火の車に陥りやすく、夫婦ゲンカの原因にもなるので注意しましょう。

キッチンの運気を上げる
魔法の言葉《じゅもん》

「愛しています。感謝しています。
ありがとうございます」

（キッチンに居る時は、意識的にこの言葉《じゅもん》を唱えて、料理や後片づけ、掃除をすることが、家の中の雰囲気を明るくし、家庭円満の秘訣になります）

Q&A

Q1 冷蔵庫の中は食品を詰め込みゴチャゴチャに。奥の方から期限切れのものがしょっちゅう見つかります……。

A1 冷蔵庫の中のものが整理できない深層心理は、「飢え」に対する恐怖心。「お腹が空いたら、どうしよう、困る」という心理が冷蔵庫の中に不要なものを溜め込むことにつながるのです。そういう意識でいると、身体の中にいろんなものを溜め込むことになるため、実際に便秘に陥りやすく、体重も増加傾向になるのは避けられません。冷蔵庫の中の整理は、思い切ってパートナーや家族、親しい友人などの第三者に手伝ってもらうのが、おススメ。大抵の食品には賞味期限が表示されていますから、それに従って第三者が客観的に判断すれば、アッという間に片づくハズです。

Q2 レジ袋や紙袋、コンビニの割り箸などをストック。すごく場所をとるけれど処分もできず困っています。

A2 買い物の度に増える、タダでもらったものを捨てられないという方も結構、多いのでは？　いつか使うと思って置いておいても、その「いつか」は永遠に訪れません。これは、「断れない」という心理の現れ。言いたいことを我慢して、本音を溜め込みがちな「いい人」に見られる傾向です。改善のためのポイントは、もらう前に「断る」こと。お店で不要なものを断ることができるようになると、捨てることにも抵抗がなくなり、不要なものを溜め込むこともなくなるハズ。まずは勇気を持って、お店で「断る」ことにチャレンジしてみてください。捨てるのは、そのあとからでも間に合います。

7

書斎

家の中でひとりになれる場所が必要不可欠。

「書斎」を象徴する「数字」とその意味・役割

「7」の形は、斜めの矢印を表します。「1」が真っ直ぐ上向きの矢印であるのに対して、「7」は右斜め30度くらい傾いている矢印です。7曜日、7音階、虹の7色、7つのチャクラなど、「7」はひとつの世界の完成を表し、「勝利、祝福」を暗示します。そこから「7」は、「斜に構える、天邪鬼《あまのじやく》、自分のスタイルを貫く」などの意味を持ち、独自の世界観を持つ「自立、完成、大人、職人気質」などを象徴します。

「自立」を意味する「7」を象徴する、お家の場所はズバリ！「書斎」です。

ただ、現実的に日本の住宅事情を考えると、「書斎」を持つことができる人は限られているかもしれません。ただし家の主が、家の中でひとりになれる場所を持つことは非常に重要です。この「ひとりになれる場所・部屋・スペース」がないことが、主を家から遠ざけることになり、家の運気を下げ、浮気に走らせ、夫婦ゲンカや家庭不和の原因になってしまうこともあるので注意が必要です。

子どもが家から巣立つ前、「自立」を促すために独立した個室を与えるのは間違いではありませんが、大事なのは、その際の優先順位とタイミング。本来は「子ども部屋」よりも、先に主のための「大人部屋」、つまり「書斎」が必要で、その後、子どもが自分で自分の部屋をキチンと片づけられるような年齢になってから、その部屋を子どものために明け渡すという形が望ましいと言えるでしょう。

物理的にひと部屋を「書斎」として使うのは難しい場合は、どこか1カ所でもいいので、その家の主がひとりになれるような空間を用意すること。自分だけの指定席を作るという目的を持って、家の中を片づけることが大切です。

「書斎」を片づけられない本当の理由

少し極論的な言い方になりますが、本当に自分ひとりになれるスペース、独立した書斎があれば、無理に片づける必要はありません。書斎とは、自分自身が心地よく、快適に感じられる環境にあることが、最も大事な要素なので、片づけたくなければ、片づけなくてもかまいません。何か難しい研究に没頭している博士の研究室や、数多くの作品を生み出している文豪の書斎などをイメージしていただくといいでしょう。

こうした職人のような人の書斎は本や資料が山積みになっていて、乱雑で片づいていないイメージがありますが、その状態が自分なりに「片づいている状態」になっており、居心地がいい空間なのでしょう。物理的に片づいていないように見える空間であっても、本人がその状態が快適で、片づいていると判断できていれば、それでいいのです。それが書斎という部屋の役割であり、本来の使い方なのです。

これはひとり暮らしの人の部屋でも、同じことが言えます。共同生活者が居ない住居空間は、全部が個室と同じ。いわば、自分だけの書斎で暮らしているようなもの。そこを自分が一番、居心地のよい形にカスタマイズするのは、ある意味、当然です。その居心地のよさを知ってしまうと、同棲や結婚などによって、自分のテリトリーに他人を入れることに抵抗を感じてしまう心理も、よくわかります。

書斎やひとり暮らしの部屋が片づけられないのは、他人に自分の領域を侵されたくない、自分のテリトリーを守りたいという防衛本能の現れなのです。自分だけの空間である書斎を散らかすことによって、他人の侵入を阻みたいという深層心理に、書斎が片づけられない、本当の理由が隠されているのです。

「書斎」に隠された才能

書斎とは、「素の自分に戻るための空間」に他なりません。

安心して、素の自分が出せる場所だと言ってもいいでしょう。つまり、書斎などのプライベート空間は、今のあなた自身の投影であり、内面を表しています。家族で暮らしている場合、基本的に自分の部屋である書斎以外は、家族との共有スペース。あなただけの空間ではありません。それだけに自分だけのスペースである書斎は、あなたの個性や心理状態が、最も色濃く出る場所に他なりません。

ひとり暮らしの場合は、その暮らしている部屋全体が書斎化しているので、家全体の状況が、その人の内面、心の状態、趣味嗜好《しこう》、性格や特徴など、すべてを表すことになります。ですから、ひとり暮らしのお家の様子を見れば、その人の性格や長所、短所、才能などもすべて見通すことができると言えるでしょう。

社会に出て働いている大人にとって、本当の意味でひとりになって安らげる空間は、自宅の書斎(自分の部屋)しかありません。ある意味、そこ(書斎)が本当の自分を表現するための仕事場だと言えるでしょう。本を読んだり、アイディアを形にするなど、知的な創造活動や芸術やアート、音楽など、無から有を創りだすクリエイティブな能力、ユニークな個性を最大限に引き出そうと思えば、素の自分が解放できる書斎の存在は、非常に重要です。自分だけの空間である書斎を得た時、あなたがしてみたいことは何ですか？　そこにあなたの中に眠る最高の才能を解き放つためのヒントが隠されているのです。

「書斎」を整える時のポイント

書斎はあえて「片づけなくてもよい場所」なのですが、ここでは現実的に書斎がない家の方が一般的であるというスタンスに立って、どんな風に家の中を片づければ、「ひとりになれる空間」をつくることができるのかを考えてみましょう。

まず、ひとつ目のプランは、「子ども部屋」を与える前に、その家の主が自分自身のために「大人部屋」を持つというパターン。特に子どもが中学に上がる前までなら、このプランが一番おススメです。その場合、「大人部屋」の中は、基本的に完全自己責任を貫いて、その部屋の主しか立ち入らないこと。当然、片づけも本人任せです。

ふたつ目のプランは、家の中に小さな机と椅子を置けるスペースを確保するパターン。場所はリビングか、寝室になる可能性が大でしょうが、その場合であれば、寝室の方がおススメ。リビングは家族のためのパブリックスペースであり、さらにその家に一番、長く居るであろう主婦のテリトリーとなるので、その家の主が男性の場合は、寝室に「プチ書斎」スペースを造る方がベター。狭くてもいいので、できるだけその場所は、そのスペースの主の好みに合わせて、少し上質なモノでカスタマイズし、整理整頓や片づけもできるだけ本人に任せるようにしましょう。

いずれにしても、自分だけのスペースである書斎は、その人の内面の状態を映し出す鏡のようなもの。そこが片づいていないとしたら、心の中に「カタをつけられないこと」をたくさん抱えているのは間違いないと言えるでしょう。

書斎の運気を上げる

魔法の言葉《じゅもん》

「私はあるがままの自分を受け入れます。

私は私のことが大好きです！」

（家に帰って来たら、まず書斎にある自分専用の椅子に座って、この言葉《じゅもん》を静かに3回、唱えてみましょう）

Q&A

Q1 本が本棚から溢れ、床に積んでいます。ホコリもたまって困ります。でも本は捨てられません……。

A1 本や雑誌は片づけられないものの代表格。重いし、かさばるしと、片づけの難所でもあります。ただし、いつか読もうと思って、「積ん読」になっているものは、ほぼ読まれません。本は買っただけで満足してしまうものもあるので、そこはある程度、割り切ること。また本はインテリアとしての要素もあるので、片づける時は本の内容で捨てるか、残すかを判断するのではなく、中身は開けずに見た目だけで選んで、書棚に飾れるものだけを置いておくという手もアリです。それ以外のものは、専門の業者さんを呼んで引き取ってもらうのが、最も効率的に片づけられる方法です。

Q2 いつか使うかも……という書類がたまり、デスクの上に散乱。どこに何があるかわかりません。

A2 紙ベースの書類の整理は誰もが悩むところ。放っておくと、机の上が書類で埋め尽くされるのも時間の問題。書類は時系列で管理するのが、おススメ。同じサイズのファイルを使って大きさを統一し、日付ごとに管理しましょう。会計書類などの法的に保管が義務づけられているものは別にして、それ以外は、業種や仕事内容にもよりますが、1カ月以上動いていないファイルは、デスク周りから別の場所に移動させること。さらにそのファイルを最後に使った日付から、半年〜1年以上経過したものは全捨て……などとルール化しておくと、迷いがなくなり、スッキリ片づけられるハズ。

8

トイレ・バス・洗面

パイプの詰まりが、
「豊かさ」を詰まらせる?

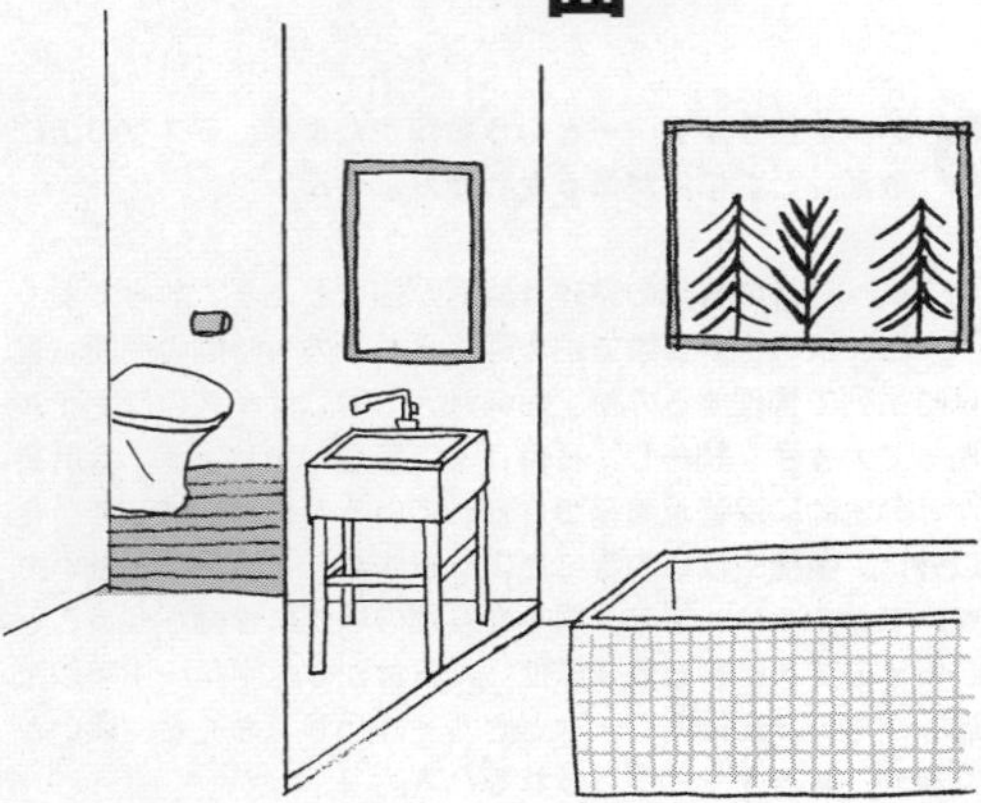

「トイレ・バス・洗面」を象徴する「数字」とその意味・役割

「8」は、無限大のマーク（∞）と同じ意味。ふたつの丸はそれぞれ、目に見えない世界と目に見える世界とを表し、それをつなぐことで無限のエネルギーが生まれ、永遠に循環することを意味すると考えられます。漢数字の「八」は、末広がりの縁起のよい数字とされますが、無限大に通じる「8」は「豊かさ」の象徴であり、「繁栄、栄光、拡大するエネルギー」などを意味するパワフルな数字です。

数字の「8」を象徴する、お家の場所はズバリ！「水回り」です。

具体的にはトイレ、バスルーム、洗面所を指し、キッチンは用途・目的が違うので、「8」を象徴する「水回り」には入れません。トイレ・バス・洗面に共通する用途・目的とは、「身体に溜まった汚れを落とし、排出する」ということ。

これは神社で言えば、「手水舎《ちょうずや》」に当たります。本来は海や川で禊をして、心身についている罪、穢れを落としてから、神社に参拝するのが理想の形。手水を使うのは、そうした禊の作法を簡略化したものです。

家とは、外で活動してついてしまった疲れを取り、ゆっくり休んでリフレッシュするための場所。疲れは「憑かれ」。その憑依《ひょうい》されてしまった疲れという名の罪、穢れを洗い流し、排出するための場所が、トイレ・バス・洗面の「水回り」の役目です。そこが汚れたり、詰まっていたりすると、罪、穢れというネガティブなエネルギーが家の中に溜め込まれ、結果的にポジティブなエネルギーが循環しないのです。

「トイレ・バス・洗面」を片づけられない本当の理由

トイレ・バス・洗面の水回りは、身体についた汚れを落とすための場所。「汚い場所だから、掃除したくない、触れたくない、片づけられない」という心理が働くのはわかりますが、その思いこそ、あなたが豊かになれない理由そのものです。

トイレでも、バス・洗面でも、元々の汚れの原因はすべてあなた自身の身についていたもの。つまり、あなたの一部だったものが、外に排出された瞬間に汚物という認識に変わるだけ。それを汚いものとして扱い、臭いモノにはフタをして、見て見ぬフリをするのは、自分自身の一部である、ネガティブな部分を否定しているのと同じこと。それでは本当に豊かになることも、幸せに生きていくこともできません。

トイレ・バス・洗面の水回りを片づけられない、片づけたくないのは、そうしたネガティブな自分を認めたくない、自分の中にある汚い部分、汚れたところを見たくない、あるがままの自分と向き合うのが怖いという心理が隠れているから。

ただ、いくら見て見ぬフリをしていたとしても、日々、汚れは溜まっていきます。水回りを片づけられず、汚れたまま放置しておくのは、ネガティブなエネルギーを詰まらせ、家の中に溜め込んでいる、フン詰まり状態と同じ。それでは折角、幸せや豊かさなどのポジティブなエネルギーが入ってきても循環することができず、やがて腐ってしまい、ネガティブなエネルギーに転換してしまうので、注意が必要です。

「トイレ・バス・洗面」に隠された才能

トイレ・バス・洗面の水回りには、昔から豊かさと美しさを司る福の神や幸運の女神が宿るとされていました。豊かさと美しさは、その表現形態が変わっただけで、元は同じエネルギー。豊かさと美しさは見事に比例するのです。

トイレを掃除すると、新しいアイディアが閃《ひらめ》いたり、臨時収入に恵まれたり、新たな仕事が舞い込んだりして、豊かになると言われていますが、これは自分の醜《みにく》い（＝見えにくい・見たくない）部分を受け入れることにつながるため。トイレ掃除のような下座《げざ》の仕事を自ら進んですることで、ネガティブな自分を否定することがなくなり、あるがままの自分を認めて、謙虚《けんきょ》になれるから。そういう謙虚で自然体の人に福の神がツイてくださり、応援してくれることになるのです。

バス・洗面は、素の自分、裸の自分と向き合うための場所。お風呂の水も、洗面所の鏡も、素の自分を映し出すもの。そこを片づけたり、掃除することは、ありのままの自分を受け入れ、自らの素の状態を磨き出していく行為に他なりません。

特に女性は、お風呂で身体を磨き、洗面所で洗顔やメイクをしたりするので、そこをきれいな状態に保てないと、消化器系の内臓も含めた身体全体、顔やプロポーションなどの見た目の美しさをキープできなくなるので要注意です。

人が日々、背負ってしまう罪、穢れを洗い流すための場所が、トイレ・バス・洗面などの水回りに他なりません。そこに隠された才能とは何か特定のものではなく、あなたが元々、持っていた本来の才能です。その本来の才能を引き出すためには、先にエネルギーを出すことがポイント。水回りの掃除、片づけを徹底し、常にエネルギーを先に出すように心がけることで気の状態が整い、自分らしくきれい（＝気《き》・零《れい》）になり、幸せや豊かさにつながる、天職や天命を開花させることができるのです。

「トイレ・バス・洗面」を整える時のポイント

まずトイレは使う度に、便器やその周りをペーパーで拭き取り、飛び散りなどを残さないこと。家の中はもちろん、外のトイレでも使ったら、必ずトイレのフタは閉めておきましょう。美しいトイレには福の神が宿りますが、トイレのフタを開けっ放しにしておくと、折角の福の神のエネルギーが逃げていくので、もったいない。反対に汚いトイレには貧乏神や疫病神が憑きやすく、トイレのフタを開けておくと、そのネガティブなエネルギーが漏れ出して、家中に充満することになるので、要注意です。

またトイレに人工的な香りを置くのは、あまりおススメできません。造花や置物など、ゴチャゴチャとモノを飾るのもNG。シンプル・イズ・ベストと考えて。

また水回りを掃除する場合は、できるだけ素手でやる方が、大きな豊かさに恵まれることになるので、無理のない範囲で挑戦してみるといいでしょう。

バスはカビが生えやすいので、日々のこまめな掃除は欠かせません。また使わないモノをバスに置いておくと、カビの原因になるので、バスルームも極力、シンプルに。

洗面所では、鏡がポイント。鏡の前にできるだけモノを置かないように心がけましょう。洗面所の鏡は、あなた自身の内面を映し出す重要なアイテム。ここが曇っていたり、汚れていたり、欠けていたりすると、あなたの美しさも陰るので要注意。鏡は毎日、きれいに磨き、その鏡ににっこり微笑みかけることを習慣にしましょう。
排水溝の詰まりは、身体の不調やお金回りの停滞に直結する、人生の危険信号なので、そのまま放置しないよう、注意しましょう。

トイレ・バス・洗面の運気を上げる

魔法の言葉《じゅもん》

「私は無限の豊かさと最高の美しさを受け取る準備ができています！」

（トイレを使う時や入浴時、水回りの掃除をする際に、口ぐせのように唱えてみましょう）

Q&A

Q1 トイレに収納がなく、カゴにペーパーなどを入れています。布をかけて隠していますが、場所もとり不便です。

A1 トイレはその家の金運を司る大事な場所。トイレの床の空白率（何も置かれていない床面積）が、その家に入って来る豊かさの質量を左右することになります。ですから、トイレの床に直接モノを置くのは、なるべく避けた方がベター。できればマットやスリッパも必要最小限にしましょう。掃除道具に頼らず、使う度にトイレットペーパーを使って、こまめに掃除をすることが肝心です。どうしてもトイレ内に置かなくてはならないものは、床に直置きせず、突っ張り棚などを活用して、目線より上に収納し、カフェカーテンなどを利用して、直接見えないよう工夫しましょう。

Q2 お風呂掃除用の洗剤やスポンジ、ブラシを置く場所がなく、浴室に置いていますが、リラックスできません。

A2 寝る前に入るお風呂は、あの世へ旅立つ前の禊の場。朝一番のお風呂は、まさに生まれたてで産湯を使うようなもの。その神聖な場所に掃除道具を置いておくのはおススメできません。浴室に置くものは、必要最小限に絞らないと、カビの原因になり、物理的にも精神的にも好ましくないため、要注意です。入浴後に毎回、簡単な風呂掃除をしてから出るように習慣づければ、そんなに汚れることはないハズ。その場合2～3週間に一度程度、しっかりとお風呂掃除の時間をとっておけば、十分。そうすれば、頻繁に使うことのない掃除道具を浴室に置きっ放しにする必要もなくなるでしょう。

9

寝室

その場所で死んでもいいと思えますか？

「寝室」を象徴する「数字」とその意味・役割

「9」は、1～9の最後を飾る数字。「9」の形は、「頭に知恵をたくさん蓄えた賢者」の象徴であり、同時に「アタマでっかちで、足元がおぼつかない老人」を表します。そこから「9」は、「最後、アンカー、完結、完全調和、平和、手放し、再生」などを意味します。頭に蓄えた知恵を活用して、世のため、人のために貢献・サポートすることが、「9」という数字に与えられた役割です。


数字の「9」を象徴する、お家の場所はズバリ！「寝室」です。

お家の最大の目的は、安心して眠る場所を確保するということ。もちろん、家は快適な日常生活を送るためのスペースでもありますが、普段、家の外で活動していることを考えると、家の中に居る時間で、物理的に最も長い時間を過ごすことになるのは、寝室ではないでしょうか？

はっきり言って、家の中で最も大事な場所は、寝室なのです。

一生の内、1／3は眠っていると言われますが、実際「どんな土地で眠るのか？どんな家で休むのか？　どんな部屋で毎日、眠っているのか？」が、非常に重要です。まさに眠りの質が、人生の質を左右し、運気の流れを司ることになるのです。

「9」は「再生」を意味する、最後の数字。夜、眠るということは、あの世に還るということ。朝、起きるということは、この世に再び、生まれるということ。

私たちが日々、生まれ変わるために、一日の最後を過ごすための場所が、寝室であり、それが「9」という数字に隠されたメッセージそのものなのです。

「寝室」を片づけられない本当の理由

寝室が片づけられない理由は、ズバリ！「死」に対する恐れ、恐怖です。

先述の通り、家の中で最も重要な場所は、寝室です。なぜなら、そこであなたは毎日、死を迎え、そして再び生まれているのです。その生と死の営みをくり返すための場所が、家であり、寝室なのです。眠っている間に、私たちの魂は身体から抜け出し、リセット・リフレッシュするために、魂の故郷であるあの世に還ります。その間、身体は空っぽの抜け殻のような状態になり、その土地、家、部屋の波動と一体となって、クリーニング・メンテナンスされるのです。ですから、寝室が片づいていないと、その片づいていない波動、ゴチャゴチャの波動、ゴミが散乱している汚れた波動などが、身体に勝手に染みついてしまいます。実際、寝室が片づいていないと、生きる気力が湧いて来ず、不眠や寝不足にも陥りやすくなるので、要注意です。

私たちはどうしても「死」を特別なものとして恐れ、遠ざけようとして忌み嫌います。しかし、「眠ること」＝「日常の死」と考えると、死は特別なことでも、忌み嫌う恐怖の対象でもないことがわかるハズ。まさに死ぬことは、日常的なフツーのこと。

寝室が片づけられないのは、特に枕元にいろんなものを並べたがるのは、生に対する執着であり、少しでも死の気配を消したい、死をなるべく遠ざけたい……という無意識の抵抗に他なりません。しかし、そうした死に対する過剰な恐怖心こそ、日々をよりイキイキと生きていくことを妨《さまた》げる原因になっていると知ることです。

また寝室の状態と、その家に住む夫婦やカップルの相性、特にセックスの状態は密接に関係しています。寝室が散らかっていると、どうしても気が散るので、落ち着いてセックスを愉しむことができず、セックスレスになる可能性が大。その家の主婦が寝室の片づけに手を抜いたり、寝室にモノを置きっ放しにするというのは、無意識レベルでパートナーとのセックスを拒絶しようとしているサインでもあるのです。

夫婦が同じ部屋で眠れなくなったら、パートナーシップは事実上崩壊です。別居するということは、事実上の離婚と同じ。それぐらい同じ屋根の下、同じ部屋で眠るということは、夫婦にとって重要な要素なのです。

「寝室」に隠された才能

寝室に隠された才能とは、ズバリ！ 生きること。生（性）に対する才能です。生きる意欲や希望をかきたて、前向きに人生をイキイキと輝かせたいと願うのなら、寝室を整えること。言い換えれば、寝室が片づいていない状態だと、前向きに生きる意欲が湧いて来ず、自分らしく人生を輝かせることができません。

寝室は家の中で日々、生まれ変わるための神聖な場所。生まれ変わる場所だということは、寝室次第で、人はどんな形にでも生まれ変われるということです。

たとえば、昔も今も、文豪と呼ばれるような作家は、高級旅館や高級ホテルに籠って執筆することがありますが、それはその場所に相応しい高級なエネルギーが宿っているから。その高級なエネルギーの力を借りることによって、多くの人々を感動させられるような、素晴らしい作品が出来上がるのです。もちろん、それは作家だけでなく、芸術家や音楽家などのアーティスト、一流の芸能人やビジネスマンであっても同じこと。眠る場所の高級なエネルギーが、眠っている間にその人の身体に宿り、その人が持っている才能にさらに磨きをかけ、より開花させることになるのです。

ですから、自分の才能を120%開花させようと思えば、寝室をきれいに整えることは欠かせません。どんなに素晴らしい才能を持っていても、寝室が乱れたままでは、その才能もくすぶったままで、宝の持ち腐れになってしまいます。

女性の場合であれば、女性らしい健康的でセクシーな魅力を、男性の場合は、男らしく頼もしい力強さを開花させるカギは、あなたの寝室にあるのです。あなたが今、自らの人生が充実していないように感じているとしたら、自分の才能を活かして、自分らしく生きている手応えが感じられないとすれば、それは寝室のセイかもしれないと疑ってみてはいかがでしょうか？

「寝室」を整える時のポイント

寝室を整える時のポイントは、その場所で眠っていて、万一、目が覚めなくても悔《く》いがないかどうか、誰に見られても恥ずかしくないような状態になっているかどうか。現在の寝室が、自分の最期を迎えるのに相応しい場所になっているかどうかが、片づける際のポイント、判断基準になります。

毎日、眠る場所は、あなたの「死に場所」でもあるのです。寝具やパジャマは「死に装束」ということになるので、常に清潔な状態にしておくのも、当然でしょう。

高級なホテルや旅館のお部屋をイメージして、寝室にはできるだけ、余計なモノは置かないこと。タンスや押入れ、クローゼットの扉はキチンと閉め、そこからモノがはみ出したりしないよう、注意が必要です。部屋の汚れや乱れがすべて、眠っている間にあなたの身体に入り込み、あなたのエネルギーを蝕《むしば》むことになるので、要注意。

寝室にテレビを置くのは、おススメできません。映像や音楽は刺激が強いので、眠る前に見たり、聞いたりするものは、よく注意して厳選しましょう。同様に寝室に飾る絵画や写真、インテリア類も厳選しないと、よくも悪くも、そうしたモノから出るエネルギーに大きな影響を受けることになるのは避けられません。

また明け方の夢は、正夢になりやすいと言われますが、目が覚める直前のまどろみの時間は、あの世からのメッセージが降りて来やすいタイミング。そうした夢やヒラメキを書き留めておくためのメモ帳とペンを枕元に用意しておくのは、おススメです。

寝室の運気を上げる

魔法の言葉《じゅもん》

「お陰様で今日も一日、
うれしく楽しく幸せに過ごすことができました。
ありがとうございます。おやすみなさい」

（毎日、眠る前に現在の寝室の状態を確かめた上で、この言葉《じゅもん》を静かに唱えてから休みましょう）

Q&A

Q1 和室で寝ていますが、押入れはモノが満杯。布団もしまえず、万年床状態。布団がカビ臭いような気も……。

A1 本来、日本人であれば、和室の畳の上に布団を敷いて寝るのが理想的。ベッドは機能的ですが、ある意味、万年床と同じなので、定期的にクリーニングしないといけません。しかし、いくら和室が理想的とは言っても、物置のような状態で万年床になっていてはいけません。それはまさに貧乏神に「とり憑いてください」とお願いしているようなもの。その状態を続けている限り、運気が上向くことはありません。まずは押入れに詰まっているガラクタを整理し、物置と化している和室を掃除すること。心身ともに健康で暮らすためには布団の上げ下ろしができる状態にすることが、最低条件です。

Q2 目覚まし時計や本、雑誌など、ベッドサイドに必要なものが溢れ散らかっており、落ち着いて眠れません。

A2 ベッドに入ったままで手の届く範囲に、必要なものを置いておきたくなる心理は、よくわかります。しかし、基本的にベッドサイドにモノを置くのは、おススメできません。寝る前に目にしたものや枕元に置かれたものの波動・エネルギーが、寝ている間の心や身体に大きな影響を与えることになるので要注意です。ベッドサイドに置かれているものが増えれば増えるほど、いろいろなモノの波動が入り乱れて、心と身体のバランスが崩れやすくなり、寝不足や不眠、体調不良などの原因になる可能性も。ですから、眠る際はできるだけ枕元には何も置かない状態が理想的です。

Q3 **パジャマや服をそのまま脱ぎ捨ててしまい、寝室に汚れ物が散乱しています……。**

A3 洋服は魂がこの世で活動するためのボディスーツのようなもの。それが脱ぎ捨てられ、寝室に散乱している様子は、まさに魂の抜け殻が残されているような状態。そんな部屋で眠っていては、魂が安心してあの世に還ることもできず、この世でイキイキと活動することもできません。一度、身につけた洋服には物理的な汚れだけでなく、その服を着ている時に経験したネガティブな感情などの「穢れ（＝気枯れ）」もついています。それを寝室に放置しておくと、眠っている間に服についた穢れたエネルギーまで吸い込むことになるので要注意。とにかく汚れ物を寝室に置きっ放しすることだけは避けましょう。

Q4 **使い終わったきれいな瓶などの容器が捨てられず、寝室にあるドレッサーの上に散乱しています。**

A4 女性の方の中には寝室にドレッサーを置いて、そこでお肌のお手入れやお化粧をしている方もおられるかもしれません。しかし、この習慣はあまりおススメできません。寝室は魂があの世に還るための神聖な場所であって、外に出かけるための化粧をする場所ではありません。さらに夜遅く、長時間鏡を見るのは魔が差しやすくなるので、要注意。またドレッサーの中は化粧品など、さまざまな臭いが入り混じるので、それが安眠を妨げる要素になることも。ガラス瓶など先の尖ったものを寝室に置いておくのもNGです。寝室は使い方を限定し、シンプルに寝るためだけの場所だと割り切りましょう。

番外編

「押入れ収納・クローゼット」「外回り」「ペット関連」の片づけ方

ここからは「番外編」として、「数字」別に分類することができなかった、家の中のスペースで、片づけにくいとされる場所にスポットを当てて、主に「整える時のポイント」に絞ってまとめておきますので、参考にしてください。

「押入れ収納・クローゼット」を整える時のポイント

「片づけの難所」と言われる「押入れ収納・クローゼット」ですが、物理的に片づけるのは、それほど難しくはありません。こうした収納スペースに置かれているものの内、実際によく使われているものは2割程度。約6割が季節的なものだったり、時々使うもの。さらに残りの2割が、陽の目を見ない、いわゆる「タンスの肥やし」と呼ばれるもの。つまり、よく使う2割のもの以外は、思い切って処分してしまっても、当面、困ることはないと言えます。それが片づけられないのは、まさしく気持ちの部分に「カタがつけられてない」ということ。

それを見極める方法は、ズバリ！　第一印象。パッと見た瞬間の自分の気持ちで判断すること。「迷ったら、迷わず捨てる」というガイドラインに基づいて、そのものを見た瞬間、シンプルに「ワクワクする」ものは置いておき、迷ったり、「ワクワクしない」ものは、基本的に全捨てで問題ありません。

女性の場合、洋服が溜まるのは、ある意味、仕方ありません。「美しく着飾りたい」と思うのは女性の特質であり、本能です。ですから、新しい服を買うのを我慢するのではなく、たとえば「新しい服をひとつ買ったら、同じアイテムの古い服をふたつ、捨てる」ということをルール化してしまいましょう。買い物の時点で、クローゼットの中で眠っている服を思い浮かべながら、新しい服を選ぶのです。

新しい服を買って帰って来たら、新しい服をクローゼットに入れるのと同時に、古い服を引っ張り出し、1：2の割合で入れ替えるように決めておきましょう。そうすると、買い物をする度に、クローゼットの中が整理され、古いエネルギーがくっついた洋服がなくなり、新しいエネルギーの洋服が増えることになるので、一石二鳥の効果が期待できます。

新しい洋服が欲しいのなら、まずその新しい洋服を収納するためのスペースを確保すること。洋服とは、あなたが身にまとっているエネルギーを物理的に形に表したモノ。あなたが成長・変化するに従って、変わっていくのは当然です。着られなくなった洋服は、脱皮したあとの蛇の抜け殻と同じ。抜け殻をどれだけ大切に保管していても、二度とその抜け殻に戻ることはないので、安心して処分してしまいましょう。

「外回り」を整える時のポイント

日本人にとっての家は、神社と同じ聖域であり、神様を迎えるための場所。神社の場合、鳥居をくぐったところからが聖域になりますが、家の場合は、鳥居が門扉に当たり、玄関に続くアプローチが神社の参道に当たります。門扉やそれに続く外構、生垣などは、外の世界と家（内）の世界とを分け、家を守る結界の役割を担っているため、フェンスが壊れていたり、生垣が枯れていたりするのはＮＧで、破れたところから邪気が入りやすくなるので要注意です。

つまり、外構の内側、庭など家の敷地部分はすべて、その家の聖域です。マンションなどの集合住宅の場合は、ベランダも聖域に相当すると考えておきましょう。

そうした聖域である「外回り」を整える際のポイントは、神社がお手本。日々の掃除を欠かさず、できるだけ美しくシンプルな状態に保つことが基本。

特に庭がある家の場合は、庭の状態が、その家に住む人の未来を投影してみせてくれることになります。広い庭があるのは、それだけ未来に大きな可能性が満ちているということですが、その分、手入れや片づけも大変になり、現実的な処理能力やビジョンを形にしていく実行力が試されることになるのです。

庭の雑草が伸び放題になっていたり、ガラクタが放置されたままになっているということは、未来のトラブルを暗示し、その家の主の問題に対する対応力や処理能力のなさを表すことになるので、要注意です。

家の敷地としては四角が理想的で、欠けがない方がベター。これは家の建物自体も同じです。敷地内に家の屋根の高さを超えるような大きな樹があると、家に降りて来るエネルギーが樹の方にとられてしまうので、注意が必要。大きな花や実が生る樹木を植えるのも、同様の理由で、あまりおススメできません。また庭に池がある場合は、池の水が常にきれいな状態で循環していることが大切で、手入れが行き届かないと、エネルギーが澱み、金運や健康運を下げることになるので注意しましょう。

「ペット関連」を整える時のポイント

家の中は聖域なので、ペットを家の中で飼う場合は、特に注意が必要です。

トイレの問題やエサやり、臭いや抜け毛、鳴き声も含めて、ペットを飼っていることが片づかない原因になっているケースも多いようですが、ちょっと待って……。

ペットにとって、飼い主は神様と同じ。飼い主のことだけを見ているので、あなたが家に居ない間は、寂しくて仕方ありませんし、虐待《ぎゃくたい》されているように感じているかもしれません。ペットは飼い主から叱られたとしても、かまって欲しいので、ワザと粗相をしたり、部屋を散らかすこともあるでしょう。そこで飼い主として毅然《きぜん》とした態度をとらないと、ペットの方が家の中で主導権を握るようになる場合も。そうなると、家の中は荒れ放題で片づかず、ペットにとって居心地のよい環境、つまり動物の巣のような状態になってしまう可能性もあるので、注意が必要です。

こうした主従関係をペットにキチンと教え込み、最低限のトイレの躾やマナーを厳しく覚えさせない限り、家の中が片づくことはありません。逆に言えば、その関係性がキチンとできていれば、ペットが居ても家の中はキチンと片づくハズ。むしろペットのお陰で、片づけ意識が高まることもあるでしょう。

もちろん、ペットを庭で飼う場合でも基本的には同じ。キチンと躾をして、常にペットの檻《おり》の中も掃除して、清潔な状態に保たないと、家の敷地である聖域が穢された状態になり、運気を下げる原因になってしまうことも……。

ペットを飼ってはいけないというワケではありませんが、片づけという視点に立ってみると、ペットを飼うということはペットが生きている限り、一生片づけ続けなくてはならない責任を背負うということに他なりません。

人間の子どもなら、成長するに連れ、自分のことは自分でできるようになって来ますが、ペットはどれだけ生きても、自分で片づけができるようにはなりません。

当然、ペットの始末はすべてあなたの責任になるので、相当の覚悟が必要になるということを忘れてはいけません。

Q&A

Q1 服が多くて、クローゼットに入りきらないほど。パンパンで取り出しにくく、シワになってしまいます。

A1 クローゼットの収納は、誰しもアタマを悩ませるところ。衣類の収納は「吊るす」のではなく、「丸めて立てる」のが、基本。これだけで収納スペースは大きく広がり、衣類も探しやすくなるハズ。ただし、そうした収納テクニックだけで対応しようとする前に、着ない衣類を処分することの方が先。「もったいない」「高かったのに」「まだ着られる」など、洋服についた思いの方から先にカタをつけない限り、本当の意味で片づくことはありません。捨てられないと思った服でも、実際に身につけて外出してみると、今の自分にはもう必要ないことがはっきりするハズなので、チャレンジしてみては？

Q2 子どもが小さい頃に使っていたおもちゃや工作がたくさんとってあります。もう使わないのに捨てられません。

A2 これらのモノが捨てられないのは、まさにそのモノに思いが宿っているから。思いの方にカタがついていないから、いつまで経っても片づかないのです。こうした思い出の品は、写真に撮っておいてから、処分するようにしましょう。デジカメで撮影して保存しておけば思い出はちゃんと残り、実際のモノは消え、かさばることもなくなります。ただし、こうした思い出の品の「いる・いらない」を当事者の子どもに聞くのはNG。聞いたら、「とっておいて」と言われるのがオチ。しかし、実際に子どもはそれほど執着しているワケではないので、親の判断で勝手に処分しても問題はありません。

Q&A

Q3 扇風機やヒーターなどの季節家電が収納できず、年中出しっ放しの状態になっています。

A3 確かに日本の住宅事情を考えると、こうした季節家電の収納はアタマの痛い問題でしょう。使い終わったら毎度、箱に収め直して、収納するのは確かに大変な手間です。物理的に収納することが難しいようなら、選択肢はふたつ。ひとつは消耗品として、シーズンごとに廃棄と購入をくり返したり、リサイクルに出すパターン。資源の無駄遣いになりますが、安い商品なら割り切って、この手もアリです。もうひとつは、最初から「見せる収納」を意識して購入すること。デザイン性に優れた商品なら、使わない時はインテリアの一部として飾っておくという発想で対応するのもアリなのでは……？

Q4 ベランダに使っていない三輪車や収納ボックスなどを置いてしまい、粗大ゴミ置き場のようになっています。

A4 ベランダや庭は、その家に住む人の「未来」を象徴する場所。その場所が粗大ゴミ置き場のようになっているのは、将来の災難、事故やトラブルを引き寄せているようなもので、明るい未来を描くことはできません。粗大ゴミの引き取り処分は、自治体によって対応がマチマチですが、キチンとした手順を踏めば、ちゃんと回収・処分してくれるハズ。そこを面倒がらずにできるかどうかが、明るい未来の命運を握っています。庭の手入れについても自力でやろうとせず、植木屋さんなどのプロに依頼するのが、おススメ。そこに気持ちよくお金を出せるかが、将来の幸せや豊かさを左右するのです。

第4章

片づければ片づけるほど、豊かになれる⁉

「片づけ」意識こそ、成功の絶対条件

人は生きている限り、誰もがより豊かに、より幸せになりたいと願っています。

成功の定義は、人それぞれでしょうが、今よりも、より豊かに、幸せに生きることができたとしたら、それは成功したと言ってもよいのではないでしょうか？

だとすれば、成功するためには、片づけは欠かせません。人生において、より豊かに、より幸せに生きるために、私たちは片づける必要があるのです。

くり返しになりますが、片づけるとは、「カタをつける」。「過去の思いに決着をつける」ということ。「過去の思いに決着をつける」のは、前を向いて歩いていくため。よりよい未来へ向けて、生きていくために、人は片づけるのです。それは今よりも、より豊かで幸せな人生を歩みたいという思いの現れに他なりません。

つまり、あなたが片づけたいと思う時、それは未来に向かって、成功への道を歩みたいと思ったということ。言い換えれば、あなたの中でいろんなことを片づけられれば、それは成功への軌道に乗ったという証《あかし》。「片づけ」＝「成功の必須条件」だと言っても、決して過言ではありません。

事実、片づけられない人が、今より豊かで幸せに成功することはありません。

私がこれまで見てきた、「幸せな成功者」と呼ばれる人たちのお家や仕事場には共通する特徴がありました。それは、ちゃんとその人らしく片づいていたということ。

過去の思いにカタをつけられなくては……、目の前の問題を片づけられなくては、未来に向けて進むことはできません。自分らしく前向きに生きられない人が、成功するハズはないのです。小さなことからでいいのです。イエ、小さなことの積み重ねが未来を拓き、人生の成功を創り上げていくことになるのです。

あなたが今より、もっと豊かに、もっと幸せに、成功した人生を歩みたいと願うのなら、まずは片づけること。片づけに絶対的な正解などありません。あなたがあなたらしく片づけられればそれでいい。そのことこそ、「幸せな成功者」に至るための、最初の小さな、そして大切な一歩になるのです。

日本人ならでは……の「間」の感覚に、豊かになるヒントがある

日本は「間」の文化で成り立っていると言われます。「間に合う」「間（魔）が差す」「間がもたない」「間違い」「間合い」「間抜け」「間の び」「すき間」「仲間」「合間」「居間」「床の間」「土間」「客間」「間仕切り」などなど。時間と時間、空間と空間をつなぐものが、「間」と呼ばれるもの。この「間」という概念は、英語に訳すことはできません。しかし、こうした目に見えない「間」の存在を日本人は古くからちゃんと認識し、大切に扱ってきました。

古い日本家屋には、元々収納スペースはありませんでした。押入れという収納スペースが生まれたのは、江戸時代の中頃だと言われており、これは庶民《しよみん》にも布団が普及して来たため。それ以前は寝室として帳台を使い、寝具も上に衾《ふすま》を掛ける程度のもの

であり、衣類などの持ち物も少なかったので、長持に入れて納戸に置くなどしていただけで、家の中に押入れのような収納スペースは必要なかったようです。

また日本家屋は部屋と部屋との仕切りが、非常にファジー。仕切りがあっても、ふすまや障子という、ごく薄い紙で仕切られているため、その区別はあいまいです。江戸時代の庶民のほとんどは長屋での借家住まい。薄い壁に仕切られた空間で他人同士が暮らしていたワケで、欧米のように家の中でも、ドアとドアで完璧に仕切られた独立した部屋で暮らし始めたのは、近年になってからに過ぎません。

日本の和室の成り立ちは、まさに「間」の文化の象徴。その空間は、寝る時は「寝間」となり、起きてそこに居る時は「居間」となり、食事をすれば「茶の間」に、来客があれば「客間」へとフレキシブルに変化します。そうやって狭くて限られた空間、「間」を有効活用し、工夫して暮らしていたのが、日本の文化だったのです。

江戸の街はその当時、すでに世界最大の人口を誇る大都市だったにもかかわらず、無駄なモノが出ない完璧なリサイクルシステムが出来上がっていたそうです。

住まいは基本的に借家ですし、庶民の持ち物はほとんどなく、わずかな衣服や持ち物も、丁寧に手入れをして長く使い、使い終わったものはリサイクルに出して、循環させるという仕組みが成り立っていたということ。そのお陰で江戸の街は当時の世界で最も清潔、安全で、豊かな街だったようです。

私たち日本人には、そうした無駄のない循環型の暮らしができるDNAが、ちゃんと今も息づいていると、私は思うのです。

時代劇で出てくるお城の中の様子は、驚くほどシンプルです。

余計な装飾物や置物などは、ほぼありませんし、収納スペースも見当たりません。同じ時代、中世の西洋のゴージャスなお城と比べると、日本の城の中のシンプルさは、いっそう際立って見えます。

当時の日本の最高権力者が、そんな風に暮らしていたのです。ですから、その当時の庶民の暮らしぶりが、いかにシンプルなものだったのかは推して知るべしでしょう。

シンプル・イズ・ベスト。

実はそこに、その何もない空間にこそ、本当の豊かさが詰まっているのです。物理的には何もない時間と空間、つまり「間」にこそ、本当に大事なものが詰まっていることを昔の日本人は感覚的に理解していたのでしょう。

今の時代、江戸時代のようにシンプルに暮らすことは現実的に不可能かもしれませんが、その当時の精神性は今も息づいていますし、そのエッセンスを今の時代に活かすことは可能だと思うのです。

日本人であるなら、「間」の感覚は理解できるハズ。「間」のパワーを最大限に活かすためには、できるだけ余計なモノは置かない。部屋が散らかったままというのは、論外ですが、収納スペースいっぱいにモノが押し込められていては、「間」がなくなり、折角のよいエネルギーがやって来ても、入る「すき間」がありません。

家の中のあらゆる場所に、意識的に何もない空間、「間」を設けること。

それが片づけを通して、豊かに幸せになるための必要条件でもあるのです。

高級ブランドショップに商品が少ない本当の理由とは……？

前項で日本には「間の文化」があると書きましたが、「間」を効果的に使っているのは、何も日本だけの専売特許だというワケではありません。

たとえば、海外の高級ブランドショップ。地価の高い路面店にもかかわらず、店内に入ってみると、陳列《ちんれつ》されている商品はポツリ、ポツリ。もちろん、ひとつずつがいいお値段ではありますが、どうしてあんなに陳列されているモノが少ないのか、不思議に思われたことはありませんか？

流通のマーケティングに詳しい人なら、ご存じのことと思いますが、特定の商品を山積みすると賑わい感とお買い得感が演出されます。「山積みされている」＝「売れているモノ、人気商品」という消費者心理が働き、「同じ買うのなら、たくさん陳列されているモノを……」ということで、山積みの商品から売れていくのです。

そうした消費者心理から考えると、高級ブランドショップの陳列方法は正反対。ひとつずつの商品の陳列数も少なければ、商品と商品の間隔も広くて、無駄な空間だらけという印象はぬぐえません。

しかし、ここに豊かさの秘訣が、豊かになるコツが隠されているのです。

戦後、モノがなかった時代には、「モノがたくさんあること」が、「豊かさ」の象徴でした。自分の持ち物が増えていくことが、「豊かになる」こととイコールの、わかりやすい時代でした。もちろんそれは間違いではありませんし、戦後の日本だけでなく、経済的に発展する段階では、どこの国や地域でも起こる現象です。

しかし、現代の日本はすでに「モノがたくさんある」＝「豊かである」という段階は卒業しています。今の若者はハングリー精神に欠けるとか、向上心がないなどと、揶揄《やゆ》されますが、生まれた時からある程度、豊かなモノに囲まれて成長した若者に、「モノが増える」＝「豊かになる」という考え方が根づいているハズがありません。

そうした古い価値観で、物事をとらえていることが、まさに豊かになれない原因であり、ひいては片づけられない原因になっていると気づく必要があるでしょう。

戦後の日本は急激な経済発展を遂げたため、物理的にモノが増え、生活は豊かになりましたが、その変化に私たちの価値観の進化・発展が追いついていないのです。もうモノの量で「豊かさ」を測る時代は終わっています。時代はすでに、量から質へ。さらに質だけではなく、個性やオリジナリティという「自分らしさ」を求めることが、新たな時代の「豊かさ」を測る指標となっているのです。

高級ブランドショップの陳列数が少ないのは、その希少性に価値があるからです。それが個性やオリジナリティを求める消費者の心をくすぐることになります。

あの何も置かれていない空間に、「豊かさ」の波動を感じられるまでに私たちは進化・発展して来たということです。実際、あの何もない空間に慣れていないと、どうしても居心地が悪くなってしまって、早々にお店を出てしまうことになりますが、本当に自分が気に入ったものを見つけるために買い物を楽しもうと思えば、誰だって、ゆったりと落ち着いた雰囲気の方がいいし、より豊かな気分に浸れるもの。ゴチャゴチャとした狭苦しい雰囲気の中では、買い物を楽しむというより、「早く済ませたい」と思ってしまうのも、当然の心理だと言えるでしょう。

私たちはすでに「本当の豊かさとは、モノがたくさんあることではない」ということが理解できる段階に達しています。それをわかりやすい形で見せてくれているのが、高級ブランドショップや高級ホテル、高級旅館などのラグジュアリーな空間です。

これらの場所に共通するのは、贅沢な「間」のとり方。「何もない空間」が多いということ。実はこの「何もない空間」にこそ、本当の豊かさが詰まっているということを、私たちはちゃんと感じ取っている。だからこそ、こうした業態がビジネスとして成り立っているワケですし、その事実こそ、そういうレベルにまで私たちが進化し、達しているということの証明でもあるのです。

「本当の豊かさ」に至る、この仕組みが理解できれば、お家の中をどんな風に片づければ、より豊かに暮らせるのかは、推して知るべし。

お家の中においても、何もない空間を設け、それを広げていくことが、本当の豊かさを引き寄せることになり、そのために片づけていくことが、より豊かに暮らすための必須条件となるのです。

「豊かさ」は、床の露出面積に比例する!?

「何もない空間にこそ、本当の豊かさが詰まっている」という考え方は、なにも最近、わかってきたことではありません。実はこの考え方は何千年も前から、ちゃんと受け継がれてきたコンセプト。しかし、それは一般化することはなく、国王や貴族などのごく一部の特権階級の人々だけが知っている智慧に過ぎませんでした。

過去の歴史を振り返ってみると、お城や宮殿、豪邸やお屋敷など、歴史的な建造物はどれも天井が高く、広々した空間を確保しています。もちろん、それは時の権力者が、自らの権力を誇示するという目的もあったと思われますが、それだけでなく、当時の権力者やお金持ちも、この「何もない空間にこそ、本当の豊かさが詰まっている」という考え方がわかっていたからではないかと思われます。

自分たちが持っている権力や財産などの「豊かさ」を維持し、増やしていくためには、この「何もない空間」の存在が大切だということを彼らは感覚的に理解していたのでしょう。あるいは先祖代々の口伝として伝えられていたのかもしれません。

たとえば、あなたが何も入っていないきれいな箱を手渡されたら、反射的に「これに何を入れようか？」と考えるのではありませんか？

もし、その箱にモノがギッシリと詰まっていたら、「何を入れようか」とは思わないでしょう。この「あなた」と「箱」の関係における、あなたと同じ心理状態が、「宇宙」と家や建物などの「空間」との間でも成り立つのです。

あなたの家が足の踏み場もないほど、モノが溢れていたとしたら、宇宙はそれ以上、あなたの家に何か入れてあげようとは思えません。あなたが箱を見て思ったように、宇宙も「ギッシリ詰まっているから、もういいか」と思うのも無理はありません。

しかし、あなたの家がキレイに整えられた状態で、何もない空間がたくさんあるとしたら……。その何もない空間を見た宇宙が、「ここに何を入れてあげようかな」と思うのも、極めて自然。無理はないと思いませんか？　そう、まさにあなたが何も入っていない、きれいな箱を見た時と同じように。

本当の豊かさを引き寄せるためには、このメカニズムを活用すること。

はっきり言って、床の露出面積と豊かさは比例します！

豊かな家ほど、床が見えている部分の割合が大きくなります。貧しい家ほど、家具や家電、寝具で部屋が占領され、床にモノやゴミが散乱し、足の踏み場もないような状態に陥ります。それは部屋が狭いからだと思われがちですが、そうではありません。

要らないモノを溜め込んでいるから、狭い部屋がいっそう狭くなるのです。その状態を続けている限り、より広い部屋に移ることも不可能ですし、万一、広い部屋に移れたとしても、その広い部屋に入り切れないほどの、たくさんのゴミが集まることになるだけ。それではより大きな災難を背負い込むことになるだけです。

宇宙が、あなたのお家という「箱」をのぞき込んだ時、「箱の底」＝「床」が見えていないといけません。お部屋の床がちゃんと見えていないと、宇宙はそこに何を入れようかとは考えてくれません。宇宙からの「無限の豊かさ」というエネルギーが流れ込まないと、その家に住む人が、より豊かに、より幸せに暮らしていくことはできません。


基本的に家具以外のモノを、直接床に置いてはいけません。

先述の通り、靴を脱いで裸足で生活する日本人にとっての家は、神様をお招きし、神様と共に生きる神聖な場所。そんな神聖な場所に、用途のはっきりしないモノを放置してはいけません。それは床に放置した時点で、ゴミと同じ扱いになるのです。

同様に、自分の大切なモノを入れて持ち歩くカバンも、安易に地面に直接、置くものではありません。そうした地面に直接、置いたカバンを家の中でも床に置いてしまうことで、折角、整えた家の中の神聖さが穢れてしまうことになるので要注意です。


より豊かになりたければ、宇宙からの、神様からの応援やサポートを得たいと思うのなら、家の中で床が見える範囲を広げること。

お家の中の床の露出面積が、あなたがこれから受け取るであろう「豊かさ」の質量を左右する大事な要素になるということを、ぜひお忘れなく。

成功したければ、デスクの空白面積を広げるべし！

「何もない空白のスペース」に降りて来るのは、なにも豊かさのエネルギーだけではありません。

たとえば、仕事で使うデスクの上の空白のスペースと、仕事の能力は比例します。空白のスペースが広ければ広いほど、それに比例して仕事の能力は上がります。デスクの上の空白のスペースに、仕事をする上で重要な要素、創造的なアイディアや冷静な判断力、価値ある情報や「ヒト・モノ・カネ」の資源がエネルギーとして集まって来るのです。会社の社長のデスクが広いのは、そのためです。社長は会社の中の誰よりも広いデスクを使い、その上に基本的に何も置かないのが理想的。社長のデスクの上がモノで埋め尽くされている会社は、自転車操業に陥っている可能性が大。現状維持が精一杯で、将来性に乏《とぼ》しいと言えるでしょう。

見方を変えれば、デスクの上の状態を見れば、その人の仕事の能力がわかりますし、将来性もある程度、予想がつきます。デスクの上に資料を広げたまま帰宅するなんて、もってのほか。デスク上が仕事の資料で埋め尽くされ、山積みの状態になっているのは一見、ハードワークをこなしているように見えますが、実はその逆。それは見せかけのハードワークであって、デスク上をモノで埋め尽くすことによって、自分の能力のなさがバレないように隠そうとする無意識の行動に他なりません。

いずれにしても、仕事で使うデスクは、仕事の際、自分に与えられた役割を象徴するシンボルであり、仕事上の自分の家、ホームグラウンドのようなもの。そのデスクの上を片づけられないのは、仕事上の処理能力がないということを、周りに対してあからさまに露呈しているのと同じこと。それではあなたの元に大事な仕事は回ってきませんし、仕事でよい成果を出すことも難しく、出世することもできません。

あなたが本気で仕事上での成功を目指すのなら、デスクの空白率を最大限に拡大していくこと。より空白率の広いデスクを持つことが、あなたの出世、つまりあなたがより豊かになることと、直結していることを忘れてはいけません。

社長がトイレを掃除すると、業績が上がるって本当？

会社というものは、そのトップ、代表者、つまり社長で99％決まると言われます。社長の器が大きくならないと、会社は大きくなりません。会社が大きくなるということは、社長の器が大きくなっているということ。会社は社長の器以上に大きくなることはありませんから、会社の将来性を判断しようと思えば、社長の人間性、器の大きさを判断すれば、ある程度、予想がつくでしょう。

誰しも偉くなると、誰でもできるような雑事をしなくなります。もちろん、社長には社長にしかできない仕事があるので、社員と同じ仕事を社長がする必要はありません。しかし、社長だからこそ、した方がいい雑事というものがあります。

その雑事とは、ズバリ！　掃除です。

すべての物事には、基礎や土台が必要です。仕事や人生にしても、同じ。人間としての基礎や土台ができていないと、その上に高い建物を造ることはできません。

社長という高い地位で仕事をするためには、この基礎・土台づくりが重要。

人間としての土台づくりのための訓練法として、「下座行《げざぎょう》」というものがあります。

「下座行」とは、自分を人よりも一段と低い位置に身を置き修行に励むこと。わかりやすく言うと、人の嫌がるような仕事を自ら率先して行うことで、普段、上座に居る自分をワザと下座に置き、自らの身を諌《いさ》め、心を磨くための修行法です。その「下座行」として、最も具体的かつ効果的な修行法が、掃除なのです。

「下座行」の観点で見れば、社長というプライドは、誇りのひとつ。「誇り」は、「ホコリ（埃）」。そんな「誇り（＝埃）」をどれだけ溜めたところで、誇れることは何もなく、逆に身についた不要な「埃（＝誇り）」を落とすためには、掃除という「下座行」に励むことが、より大切になるのです。

「下座行」の教えは、なにも社長に限った話ではなく、すべての人に当てはまることだと思いますが、実はこうした精神修養の観点だけでなく、掃除にはもっと現実的な

「いいこと」も隠れています。

少し前の話になりますが、あるセミナーで、私が「トイレ掃除をすると、金運がアップする」「会社のトイレを掃除すると、会社の業績がアップする」という話をさせていただいたことがあります。その話を聞かれたA社長が早速、翌日から自分の会社のトイレ掃除を始めてみたところ、1週間も経たない内に、「特に縁もゆかりもないところからの大口注文が入りました！　なんだかキツネにつままれたようで、これはトイレ掃除の効果としか考えられません！」と興奮気味に教えてくれました。

実はその時、別の会社を経営するB社長もこの同じ話を聞いて、早速、会社のトイレを掃除したそうなのです。しかし、B社長の方は特に目立った変化はなかったとのこと。「この違いは何なのでしょう？」とB社長に聞かれたのですが、私はピン！と来て、B社長にこう尋《たず》ねました。「会社のトイレは、自分で掃除しましたか？」と。するとB社長は、「イエ、社員に指示してやってもらいました」との答え。ここにA社長とB社長との大きな違いがありました。

トイレ掃除は、必ずしも自分でしなければならないということではありません。誰が掃除しても、キレイなトイレは気持ちいいし、運気は確実にアップします。しかし、誰がそのトイレを掃除するのかによって、宇宙からの贈り物の中身が変わってくるのです。

宇宙から届けられるギフトとは、トイレ掃除をしたお駄賃のようなもの。その時、宇宙は掃除した本人に「何が欲しいの？」と聞いてくれます。当然、掃除した本人は、自分の欲しいものを望むでしょう。それが無意識のレベルであったとしても。

社長が社員にトイレ掃除を任せると、その社員にとっては、業務の一環。お給料の範囲内です。掃除した社員にとっても、お給料をもらってやっているという意識でやっている限り、それでチャラ。それでは会社の業績アップに直結することは期待できません。社長が自ら進んで、無償で掃除に励むからこそ、社長の望みである、会社の売上アップにつながるのです。

「下座行」で心が磨かれ、さらに業績アップも期待できる、一石二鳥のトイレ掃除。試してみる価値はあると思うのですが、いかがでしょうか？

日本で「風水」が根づかなかった本当の理由

今や、日本でもすっかり定着した感のある「風水」の考え方。お片づけをしたり、お部屋の模様替えや引越しをする際は、誰でも少しは気になるでしょう。

中国四千年の歴史に培われた「風水」の起源を遡《さかのぼ》ると、特定の土地をその環境や起伏、水の流れ方などによって格づけし、住居地や墓地などに区分けするための知恵であり、ノウハウとして確立されたものだということ。当時は人間がより快適に暮らすための知恵として、地相を見るための理論という意味で「地理」と呼ばれていたとか。

確かに私たちが学校で学ぶ「地理」も、その土地土地の環境や気候風土を学んでいるワケで、まさにそれが「風水」の原点なのです。

土地が持つエネルギーは、個人ではどうしようもない部分がありますが、個人の家であれば、ある程度、工夫次第で対応できるハズ。大きな土地の善し悪しを鑑定するための知恵を家の中に持ち込んだのが、現代における「風水」の考え方であり、その基本は空間の整理術であり、片づけノウハウに他なりません。

空間をどう活用し、部屋や家具をどうレイアウトすれば、より豊かに、より幸せに生きていけるのかというノウハウをまとめたものが「風水」であり、それは「当たる、当たらない」で判断する占いやおまじないの類いではありません。

「風水」の基本は、家の中によい気のエネルギーを取り入れ、それを各部屋に循環させること。さらによくないエネルギーから家を守り、邪気が溜まらないよう、またスムーズに排出されるように、家の中を片づけ、整理整頓することだと、私は理解しています。ようは家の中が常に清潔で、掃除が行き届き、きれいに片づいてさえいれば、「風水」的なことをあまり気にする必要はないと私は思います。

ですから、よく言われる「西に黄色のものを置くと、金運がアップする」というような「風水」ネタを採用する前に、しなければならないことが、たくさんあります。それが日々の掃除であり、片づけ、整理整頓です。その前提条件を省いて、「西に黄色」だけ採用したところで、期待するような成果が得られるハズもありません。

中国のような広大な土地で、なおかつ、戦争や侵略によって、国がなくなったり、国境が変わったり、住んでいた土地を追われたりということが珍しくなかった地域において、どこに住むのかはまさに死活問題。どこに井戸を掘れば水が出て、どこの土地なら作物が育つのかを見極めるためのノウハウとして、「地理」が重視され、「風水」が発達していったのも、自然の成り行きだと言えるでしょう。

しかし、日本の場合は、その土台となる環境が、中国とは全く違います。日本は基本的に歴史上、一度も侵略されたことがありません。少なくとも有史以来、天皇制度が始まってからの二千年以上、日本はずっと日本として成り立っていました。日本は南北に長い島国ですが、その国土の中に、世界中のすべての環境が揃っていると言われます。３０００メートルを超える高山から、大きな湖もあれば、砂丘もあります。マイナス何十度にもなる極寒の地もあれば、常夏の土地もあります。そこに四季があり、水は豊富で、土壌も豊か。いろんな作物を収穫することができ、海の恵みも、山の恵みも手に入る。それが日本という国であり、土地なのです。

そういう恵まれた土地に暮らしている日本と厳しい環境の中国とを比較した時、

「風水」という知恵が同じように通用するかどうかは甚《はなは》だ疑問です。

「風水」では、その土地が持っている「龍脈」というエネルギーの流れを見極めることが、何より重要な要素だと言われます。「龍脈」のあるところとは、いわゆるエネルギーの高い場所。今風に言うと、まさにパワースポットです。その「龍脈」というパワースポットを見つけるためのノウハウとしてまとめられたものが、「風水」です。


ところで、世界最大のパワースポットがどこにあるのか、ご存じでしょうか？

答えは、ズバリ！　日本列島そのものです！

日本列島の形は、まさに「龍」そのもの。世界各地にパワースポットと呼ばれる場所はたくさんありますが、その規模とスケール、エネルギーの高さにおいて、日本列島を凌ぐ「龍脈」はありません。そう……、私たち日本人はまさにパワースポットの上で何千年と暮らしてきているのです。

これこそ、日本に本物の「風水」が根づかなかった真の理由だと、私は思っているのですが、あなたはどう思われますか？

第**5**章

終わりなき「すごい片づけ」

年齢に比例して片づけ密度は濃くなる

年齢が増すに連れ、時間が経つのが速く感じることはありませんか？

小学生の時の夏休みは、あんなに長く感じたのに、大人になると1カ月なんて、アッという間。歳を重ねるごとに、1年が経つスピードが加速度をつけて速くなって来ているような気がするのは、単に気のせいだけではありません。

10歳の小学生にとっての1年は、人生全体の1／10を占めます。

それに対して、50歳の大人になると、その1年は、人生全体の1／50。

10歳の小学生にとっての1年は、人生全体の10％を占めているのに対して、50歳の大人にとっては、人生全体の2％に過ぎません。つまり、同じ1年という長さですが、人生に占める時間の割合を、50歳の大人と10歳の小学生とを比べると、5倍の違いがあるのです。そのため小学生と大人では同じ1年を振り返ってみても、その印象度には5倍の開きがあるため、子どもの1年は、大人より長く感じられるというワケです。

この時間の概念は、片づけというテーマにも深く関係しています。

子どもの頃は、物理的にも精神的にも、片づけない（＝カタをつけない）といけないことは、それほど多くはありません。自分の持ち物は少ないですし、そもそも物理的な片づけは親がやってくれます。精神的に「カタをつける」必要のあることは、生きてきた年数と比例して増えてくるので、人生経験の短い子どもにとって、片づけないといけない出来事自体が見当たらないのです。

しかし、大人になって年齢を重ねれば重ねるほど、片づけたい、あるいは片づけないといけないモノやコトが増えて来ます。年齢を重ねるということは、人生全体に占める時間の密度が濃くなっていくということ。当然、それに従って、片づけないといけないモノやコトも質量ともに増してくるワケで、若い頃と同じようなペースでは片づけているつもりでも、いつまで経っても追いつかないのは当然なのです。

「得る人生」から、「手放す人生」への分岐点はここだ！

人は誰でも、真っ裸の状態で、何ひとつ持たずに生まれて来ます。生まれたての赤ちゃんは何もできません。持ち物、0《ゼロ》。できることも0の状態から、人生はスタートするのです。

その内、赤ちゃんは、自分で寝返りができるようになり、ハイハイができるようになって、できる喜びを覚えます。さらに立って歩けるようになると、また新たな喜びを味わい、幼稚園では歌やダンスが上手にできるようになることで、また喜び。学校に上がると、漢字が書けたり、逆上がりができるようになったり、テストでいい点数を取ることが喜びになります。やがて社会人になり、一人前に仕事ができるようになって、パートナーを見つけて、子どもができて、車を買って、家を買って……。

若い頃は誰もが、夢や希望に胸を膨らませ、貪欲に「何か」を追い求めて生きているもの。ある程度の年齢になるまでは、あらゆる分野において、何かを「得る」ことが人生の目的であり、それが人生の喜びに直結していました。

しかし、この「得ること」や「得る喜び」を目的とした生き方は、必ずどこかで反転していきます。その転換点が、いわゆる「人生の折り返し点」「ターニングポイント」と呼ばれるタイミングです。

現在の日本人の平均寿命は女性が約87歳。男性が約80歳。単純に半分にすると、女性の場合は、43〜44歳。男性が40歳くらい。単純計算ではありますが、その辺りが、人生の折り返し点の目安だと言って、差し支えないでしょう。

ちょうどその辺りから、自分の人生の後半生がおぼろげながら、見えて来ます。

もちろん、40代前半はまだまだ元気ですし、これからの人生で体験してみたいことや欲しいモノもたくさんあるでしょう。しかし、この辺りから、明らかに自分の人生の限界が感じられるのも事実。この年齢から、プロスポーツ選手として大成したり、アイドルとしてデビューすることは、現実的に不可能でしょう。今までは未来に可能性として広がっていた選択肢が、徐々に狭くなっていく感じ。肉体的にも今まで「できていたこと」が、「できなくなっていく」のも、この辺りが境目でしょう。

つまり、人生の折り返し点を過ぎた辺りからは、「得ること」「得る喜び」だけを人生の目的としてしまうと、生き辛くなるだけ。

そこから先は、「手放すこと」「手放す喜び」を知らないと、人生の後半生を存分に愉しむことはできません。

何も持たず、何もできない0の状態でこの世に生まれて来た私たちは、人生の途中でたくさんのモノを手に入れて、たくさんのできることを味わいます。しかし最後は、生まれた時と同じように、何も持たず、何もできない0の状態に還っていきます。

人生の最期を迎える時、私たちは宇宙から強制的に片づけさせられるのです。それがこの世で死を迎えるということ。

この生と死のプロセスは、すべての人に平等に与えられた権利であり、義務。誰ひとりとして、この権利と義務を放棄することも、逆らうこともできません。

若い時の「片づけ」は、「得る」ことが目的の「片づけ」です。

何かを「得る」ために、片づけるのです。得たいものは、「新しい洋服」かもしれませんし、「新しい恋人」かもしれません。いずれにしても、「新しい何か」「今よりももっといいヒト・モノ・コト」を得るために片づけようとするのです。

しかし、人生の後半生に入ると、「得る」ためにではなく、「手放す」ために片づける、つまり「片づけること」自体が目的になってくるのです。

「要らなくなった」「古くなった」「広過ぎる」「大き過ぎる」「使えない」などなど。

これらの理由で片づけるのは少々、寂しく感じられるかもしれませんが、こうした不要なモノを手放していくのは、実はかなり爽快《そうかい》なこと。今まで自分を縛っていた重い鎖を解き放ち、背負っていた重荷を降ろしていくようなもの。それだけに、手放せば手放すほど、片づければ片づけるほど、自分自身が確実に明るく軽くなっていくのが感じられるでしょう。

それが片づけることによって、得られる最高のギフトであり、片づけに隠された真の目的でもあるのです。

「人生の片づけ」と向き合う時

誰の人生にも、「片づけのタイムリミット」があります。

この世に生まれた以上、死というタイムリミットから逃れる術《すべ》はありません。

しかし、この死を意識した瞬間こそ、実は「人生の片づけ」と向き合う合図。ここから本格的に、人生の片づけが始まるのではないでしょうか？

ちょっと想像してみてください。もし、人生に「死」というタイムリミットがなかったとしたら……。何十年、何百年、何千年と永遠に生き続けられるとしたら……。

一度、生まれたら最後、死ぬことが許されなかったとしたら……。

これはある意味、拷問《ごうもん》に近いと思いませんか？

地獄には「無間地獄」というエリアがあるそうですが、ここはどんなに過酷な拷問を加えられても、決して死なない？　というところで、この「無間地獄」が地獄界の最下層に位置し、最も罪深い者が陥るエリアだということ。つまり、「死なない」「死ねない」ということは、それほど厳しい罪に相当すると言えるでしょう。

ですから、死を怖がり、忌み嫌って、必要以上に遠ざけようとする必要はありません。誰もがいつか必ず、あの世に還るのです。それが遅いか、早いかの違いだけ。有史以来、全人類の死亡率が１００％であるのは、ある意味、とてもありがたいことで、宇宙の思いやりなのかもしれません。

問題は死に直面した時、どれだけ自分の思いに「カタがつけられているか」。

この一点にかかっているのではないでしょうか？

もし、その時点で自分の思いのすべてにカタがついていれば、自分の思いをすべて、片づけることができていれば、何の問題もありません。

その時、物理的に身辺が片づいているかどうかは、ほとんど関係ありません。物理的に片づいていようが、いまいが、あの世に物理的に持って行けるモノなど何ひとつありません。ですから、死んでしまえば、物理的には必ず「カタはつく」のです。

そういう意味では物理的な片づけは、それほど大したことではないのです。やはり問題になるのは、精神的な片づけ。自分の思いに、どれだけ「カタがつけられているか」が重要です。

もし、死に直面した際、自分の思いにカタがつけられていないと、どうなるか？片づいていない思いは、死んだ後も残ります。

「やり残したことがある……」「残して来た家族が心配……」「あの時、もっとこうしていれば……」「あんなことを言うんじゃなかった……」「素直に謝れなかった……」「愛していると伝えたかった……」「もっと自分らしく生きるんだった……」などなど。

こうした人生に対する口惜しさや後悔の念が強ければ強いほど、「死んでも死に切れない」となって、死んだ後も、この世に執着し、しがみつくことになるのです。

それはまさに肉体はなくなっても、片づけられない思いだけが残って永遠に生き続けるようなもの。まさに「無間地獄」の世界と同じです。

亡くなった後に、そんな地獄のような世界に自ら進んで行きたいと思う人はいないでしょう。しかし、生きている間に、自分の思いにちゃんとカタをつけられないと、片づけられないまま過ごしていると、そうなってしまうかもしれません。

片づけに関しては、死んでから、シマッタ！　と思っても、もう遅いのです。

これは生きている内に、どれだけ片づけられるかにかかっています。

過去の思いを片づけるのは、言うほど簡単ではありません。自分の思いは目に見えませんし、カタがついているのか、ついていないのかを客観的に測る術もありません。だからこそ、私は目に見えるモノを片づけることを通して、それをキッカケに目に見えない思いの方を片づけていきませんか？　と提案しているのです。

あなたも「それじゃあ、お先に」と明るく手を振って、あの世に旅立ちたいと思いませんか？　少なくとも私はこういう生き方、死に方に憧れます。

まさにこの心境に至ることが、「片づけ」に隠された真の目的であり、こういう心境に達することを意図した片づけを、私は「すごい片づけ」と呼んでいるのです。

輪廻転生の原因は、片づけられない思いにあった⁉

生きている限り、カタをつける対象が0になることはないでしょう。毎日、ちゃんと掃除をしていても、ゴミやホコリは必ず溜まります。どんなにキレイに、完璧に掃除をしたつもりでも、やはりどこかに必ず、目の届かなかった場所、掃除し切れない場所が残っているものです。これは人が生きている限り、仕方のないこと。生きていれば、物理的にも精神的にも、カタがついていないことは出てきます。

しかし、完璧に片づいていないということと、どうしてもカタをつけたいことがあるというのは、違います。完全に片づいていないのは、仕方ありませんが、本当は片づけられるのに、片づけを後回しにしたり、放置しているのは、人生に対する怠慢《たいまん》であり、逃避行為だと指摘されても仕方ありません。

そうやって、本当は片づけられるのに、カタをつけられなかった思いが、結局、執着という形で死んだ後も残ってしまうのです。

片づけられなかった強い思いを抱えたまま死んだら、どうなるのか？

ここから先、本当のところは誰にもわからないので、憶測《おくそく》の域を出ませんが、片づけられない思いを抱えたまま亡くなると、その思いが何かに宿ります。すでに自分の肉体はありませんから、この世で片づけられなかった自分の思いを残そうと思えば、生きている人に憑くか、モノに憑くか、場所に憑くのか、選択肢は３つです。

生きている人に憑くと、背後霊となり、モノに憑くと、ものの怪《け》となり、場所に憑くと、地縛霊となります。昔の人はこういう仕組みがわかっていたので、定期的にお祓いをしたり、人形や針、包丁などの道具であっても、塚を立てて祀《まつ》ったり、土地を清めたりしていたのです。

ただし、亡くなった側からみれば、どの選択肢を選んでも、何かにとり憑いている限り、あの世にも行けないし、この世にも戻れない、どっちつかずの状態。亡くなった後でも、まさにカタがつけられない状態が続くのは避けられません。

いずれにしても、この世に残った思いは重しとなって、亡くなった人の成仏を妨げることになります。そういう意味でも、亡くなった方の遺品などをずっとそのままの状態で残しておくことは、亡くなった人の魂があの世に還ることの妨げになる可能性もあるので、取り扱いは要注意です。

それでも、ほとんどの人は、完全にカタをつけられなかった思いを抱えたままでも、あの世に還ることになるのですが、そこで神様にこう聞かれるのだとか……。

「今回の人生はいかがでしたか？　次はどうしたいですか？」と。

その時多くの人は生前、キチンと片づけられなかった自分の思いを省みて、こう答えるのだとか……。

「もう1回、人生にチャレンジさせてください。生まれ変わったら、今度はちゃんとカタをつけてきますから！」と。

そうして、その人の望み通り、また別の人として生まれ変わるという、輪廻転生がくり返されるのだとか。どうやら宇宙は、そんな仕組みでできているようなのです。

もちろん、この輪廻転生の仕組みを科学的に証明することなどできません。

信じる、信じないは自由ですし、この考え方が絶対的に正しいなどと主張するつもりも毛頭ありません。

しかし、もし本当に、死後の世界がこんな仕組みで成り立っていたとしたら……。片づけられなかった思いが、輪廻転生の原因になっていたとしたら……。今、目の前にある「カタをつけなければならないこと」や「カタをつけたいと思っているモノや思い」に対する見方が、ずい分変わって来るのではないでしょうか？

もしも、「片づけ」が、今生の人生だけでなく、あの世や来世にも影響してくる一大事だとしても、あなたは相変わらず、片づけと向き合うことから目を背け、片づけから逃げ回る人生を続けていくおつもりでしょうか？

何かに「執着」している限り、どこにも行けない「終着駅」？

お金であれ、土地であれ、モノであれ、自分が死んだ後に必要以上に何かを残そうとするのは、この世に対する執着であり、思いが片づいていない証拠です。

現在、日本では高齢化社会の進行により年々死亡者は増え続け、最近では年間130万人を突破するようになりました。

ではその日本で、亡くなった方は、どれぐらいの財産をもっているものなのか。

ある調査によると、死亡時に相続対象となる遺産の平均額は、ひとり当たり約3000万円～5000万円に上るというデータも。この遺産額が多いか、少ないかは別にして、多くの人が、それなりにまとまった金額の遺産を残して亡くなっているのは、間違いないものと思われます。当然、その遺産を巡って親族が争う訴訟も増加傾向にあるのも間違いなく、相続全体のおよそ１割は、何らかのトラブルが起こっていると指摘する専門家もいるようです。

もちろん、自分が亡くなった後でも、家族が安心して暮らせるよう、財産を残してやりたいという心情はよくわかります。残されたパートナーや子どものことが心配で、「死ぬに死ねない」という思いを抱えている方もおられるかもしれません。

しかし、その思いこそ、実は「すごい片づけ」の対象。自分が亡くなった後のこの世に対して、そうした強い思いがあること自体、自分の思いに「カタがつけられていない」証拠といえるのではないでしょうか？

自分がよかれと思って残した遺産が原因で、親族がもめたり、いがみ合うことになってしまっては、まさに本末転倒。しかし、現状を見る限り、残念ながらそれが現実化してしまっているのは、否定できないのではないでしょうか。

せっかく、愛するパートナーや子どものためを思って、遺産を残したのに、それが原因で家族や親族がもめたり、兄弟姉妹が争うことになってしまう……。

あなたには、そうならないと言い切る自信はありますか？

少し厳しい言い方に聞こえるかもしれませんが、遺産相続でもめる原因は、やはり遺産を残す本人が、自分の思いにちゃんとカタがついていないから……。もし、「ごめんなさい」の気持ちで遺産を残すのなら、遺産の代わりに生きている間に、気になる相手に「ごめんなさい」を直接、伝えられれば、「カタはつく」ハズ。

遺産の金額に納得がいかないのは、伝えきれていない思いがあるから。祖父母であれ、両親であれ、遺産は元々、自分のものではないのですから、感謝することはあっても、文句を言うのはお門違い。まして、親族に言いたいことがあるのなら、相手は生きているのですから、遺産相続で争うより、本当に伝えたい気持ちをちゃんと伝えて、「カタをつけた」ほうが、ずっとスッキリするハズです。

結局、遺産相続でトラブルになるかどうかは、遺産を残すほうだけでなく、受け取る側においても、それぞれ各自の「人生の片づけ度」にかかっているのです。

あなたが何かに執着している限り、そこはどこへも行けない行き止まり。執着している今、その場所が、まさに「人生の終着駅」となってしまうのです。

生きているのに、「人生の終着駅」にじっと佇《たたず》んでいて、本当にいいのでしょうか？

何かに、誰かに執着している生き方は、周りから輝いてみえるでしょうか？

親族に遺産を残すこと自体の「良い・悪い」は、なんとも言えませんが、はっきり言えることは、その財産は亡くなった方のもの。本来、他の誰のものでもありません。自分が死んだ後に、たくさんの財産を残したままで、本人はそれでよいのでしょうか？「それでよかった、悔いはない」と思っておられるのでしょうか？

もちろん、それはその人次第で、その人にしかわからないことだと思いますが、私なら、生きている間に、その何千万円というお金を自分の好きなように使いたいと思います。自分のために使うのもよし、人のために使うのもよし、どこかに、誰かに寄付するのもまたよしです。

自分が死ぬ時は、すべての財産を使い切り、何ひとつ残さないで、颯爽《さっそう》とこの世を去っていく。それが自分の人生にカタをつけた、「すごい片づけ」的生き方。

少なくとも、私はそういう生き方を目指したいと思います。

生きるとは、片づけ続けること

生きていれば日々、いろんなことが起こります。うれしいこと、楽しいことばかりではなく、悲しいこと、辛いことも起こります。むしろ、悲しいこと、辛いことの方が多いのが、人生なのかもしれません。

しかし、その出来事が起きてしまえば、それはもう受け入れるしかありません。一度、起きてしまった出来事は取り返しがつきません。それは厳然たる事実。どんな出来事であっても、その出来事が実際に起きた時点で、すでに「カタはついている」、「片づいている」のです。

この事実に気づくこと。

この事実をちゃんと受け入れること。

それが「すごい片づけ」的生き方につながっていくのだと、私は思います。

日々、いろんなことが起こりますが、それらの出来事はすべて、起きた時点で、現実的、客観的にカタがついている。すでにカタがついたからこそ、起きた……、実際に現象化したと言ってもいいでしょう。

ですから、私たちが片づけられないワケはないのです。現象的には、すでにカタはついています。あとは私たちの気持ちの問題。もちろん、すでに起きてしまった出来事を見て、「カタをつけられない」と思うのも自由ですが、そうやって実際に起きてしまった出来事を否定して、過去の思いを握りしめたまま生きていて、得をすることは何もありません。

片づけに終わりはありません。
生きることとは、片づけること。
生きている限り、ずっと片づけ続けるだけ。
生きることと、片づけはイコールなのです。

ですから、生きている限り、片づけから解放されることはありません。しかし同時に、生きているということは日々、ちゃんと「カタはついている」ということでもあるのです。起きてしまった現象を素直に受け入れるということが、片づけるということ。そこに私たちの拒否権や選択権はありません。

片づけられない原因は、モノや場所にあるのではありません。

片づけられないのは、あくまで私たちの心の問題。思い、メンタルです。

心、思い、メンタルが片づけば、自然にモノや場所の片づけは進みます。

心、思い、メンタルの方が片づいていれば、モノや場所の片づけはどうでもいいのです。モノや場所のことが、どうでもよくなったら、必ず片づきますから……。

もちろん、モノや場所の片づけから入るのも、悪くありません。

そうすれば、その分だけ、確実に心、思い、メンタルの片づけも進むのですから……。

しかし、これだけは忘れないようにしておいてください。

片づけの目的は、少なくとも「すごい片づけ」が目指しているのは、モノや場所の物理的な片づけではなく、あくまで心、思い、メンタルの方の片づけであるということを。

そして、心、思い、メンタルという目に見えない分野が片づかない限り、どんなに素晴らしい知恵やテクニック、グッズやテクノロジーを用いても、本当の意味で片づくことはないということを。

大丈夫。あなたが今、こうして生きているということが、今までの人生でちゃんと片づけられているという、動かぬ証拠。過去の事実を、ちゃんと過去のものとして受け入れることができているからこそ、あなたは今ここに生きているのです。

さぁ、あなたがあなたらしく生きるため、
より自由に、より豊かに、より幸せに生きていくために、
今日も元気に「すごい片づけ」に励んで参りましょう。

文庫版　特別寄稿

すべての数字は「数」ではなく、「文字」だった⁉

本書の中核をなす、第3章「『数字』で考えると、片づけもうまくいく」では、私がまとめた「はづき数秘術」の智慧が存分に生かされています。
紙面の関係上、本文ではあまり詳しく触れられなかった、0・1―9の10個の「数字」が表す、それぞれの意味や役割、形の由来などについて、改めてここで補足しておきたいと思います。

「はづき数秘術」の元となる「カバラ数秘術」は、紀元前6世紀ごろ、古代ギリシャの数学者ピタゴラスによって、体系化されたと言われています。そこから約2500年の長きにわたって、ユダヤ人たちの手によって、代々密かに受け継がれて来た、この考え方は「人類最高の智慧」と呼ばれています。
事実、この智慧を活用しているユダヤ人たちの子孫は、世界中のあらゆるところでビジネスを成功させ、全世界の人口のわずか、0・2%にも満たないと言われるユダヤ人が、ノーベル賞受賞者のおよそ2割を占めている事実を見ても、この智慧の凄さがわかるでしょう。

その「カバラ数秘術」の智慧をベースに、私・はづき虹映が大胆なアレンジを加え、さらに統計学、心理学、成功哲学、スピリチュアルなヒラメキなどの要素を取り入れ、全く新しいメソッドとして、現代の日本に蘇らせたものが、「はづき数秘術」です。

「数字」を「文字」として読み解くことができるようになると、生年月日で表される誕生日はもちろん、電話番号、部屋番号、カーナンバー、カード番号、マイナンバー、座席番号、発車時刻など、身の回りの数字はすべて、偶然やたまたまではなく、何らかのメッセージを携えて、必然としてあなたの元にやってきていることに気づくことになるでしょう。

こうした「数字の暗号」を読み解くための基礎知識として、次の0・1—9の10個の「数字」が表すメッセージに目を通して欲しいと思います。

そのとき、あなたの周りにある「数字」は単なる「数」ではなく、ひとつずつが独自固有の意味をもつ「文字」としてイキイキと輝き始め、あなたに宇宙の真理を……、そして「すごい片づけの極意」を雄弁に語りかけてくれることになるハズです。

0【あの世、宇宙、ニュートラル】

「0」と「1〜9」の数字は別物です。「0」はトランプでいうところの「ジョーカー」のようなもの。どこにも属さないオールマイティな数字であり、またそれ単体では意味をなさない不思議な数字。

「0」は本来「この世」のものではなく、まさしく「あの世」を象徴する数字です。

1【一番、始まり、ひとつ】

「1」は「1〜9」の数字の先頭、始まり、スタートの数字です。「0」の「あの世」に対して、「この世のすべての始まり」を表し、物事の方向性を指し示す数字です。「唯一絶対の存在」「命の根源」「人間の意志力」「行動力」「リーダーシップ」など、ひとつの方向に向かって進む男性的なエネルギーを表します。

2【調和、受容、バランス】

「2」は、二元論、陰陽論のもとになる数字。「分割」「受容」「調和」「つながり」「バランス」などの女性原理を意味します。

「ひとつ」から始まったものが、「ふたつ」に分かれて、分裂、増殖が始まります。

男と女、光と闇、太陽と月、陰と陽、善と悪など相反する二極が生じることを象徴する数字です。

3【創造、笑い、子ども】

「3」は、新たなものを生み出すパワーを秘めた、「創造力」「企画力」「躍動感」「笑い」「エンタテインメント」を象徴する子どもの数字。調和と安定のなかに変化の可能性を内包する数字です。プラスとマイナスの二極に「第三の力」が加わることによって、新たな命が生み出されるのです。

4【安定、継続、形成】

「4」は、「物質世界の誕生」を意味し、「固定」「安定」「継続」「現実」を象徴する堅い、守りの数字。

東西南北の四方位、風（空気）・火・土・水の四元素、春夏秋冬の四季、喜怒哀楽の四感情、起承転結、生老病死など、現実世界を創り上げるための基礎を固め、物事の土台、礎を形成する数字です。

5【自由、変化、コミュニケーション】

「5」は、「2」の女性性と「3」の男性性とが統合された「五体」「五本の指」「五感」「五臓」などに象徴される、「人間」そのものを表す数字。

そこから人間の特性である、「自由」「変化」「行動力」「コミュニケーション」「柔軟性」などを意味する、スピーディで、動きのある数字です。

6【愛、美、母性】

「6」は、調和とバランス、美と創造を象徴する「愛」の数字。

「創造」を意味する「3」の倍数であることから、「男と女」「精神と肉体」「物質と心」など、相反するふたつの「創造的エネルギーの完全な統合・調和」を表します。

その形は、お腹に新たな命を抱える、母性あふれる「妊婦」を象徴しています。

7【完成、自立、ひとり】

「7」は、ひとつの周期の終わりを示す「完成、完全調和」の数。

「7」は古くから、洋の東西を問わず、「祝福・勝利」などを表す「ラッキー数」として重用されていますが、その形は「斜めの矢印」を表し、独自のスタイルを貫き、ひとりで自立しようとする「頑固職人・探究者」を暗示する数です。

8【情熱、無限大、豊かさ】

「8」は、「物質」と「精神」などふたつの世界の「統合」「均衡」を表す数字。「8」の形は、「無限大（∞）」のマークに通じ、「繁栄」や「栄光」「豊かさ」「情熱」など、限りなく増幅する巨大なパワーを象徴し、目に見えない世界と物質世界との統合やバランスを意味する数字でもあります。

9【完結、智慧、手放し】

「9」は、「1～9」までの最後に位置する、「終わり・アンカー・手放し」の数字です。この世とあの世を含めた宇宙全体の循環を表し、「智慧」や「真理」を象徴します。

数字の基礎循環である「9周期」を表し、「1～8」のすべての数字の要素を含む「完結・まとめ・リセット」を意味する数字です。